本书根据《社会转型期青少年成长中的问题与对策》课题调研成果改编而成，让青少年能够丰富思想与处世方法，增强自律性、主动性、灵活性。

青少年：挑战

让每一位读者照"镜子"的读本

深圳市关心下一代工作委员会
深圳市南山区关心下一代工作委员会 编著

图书在版编目（CIP）数据

　青少年：挑战 / 深圳市关工委，南山区关工委课题
组编著. —— 深圳：海天出版社，2017.8
　ISBN 978-7-5507-1935-4

　Ⅰ.①青… Ⅱ.①深… ②南… Ⅲ.①青少年教育-
研究-中国 Ⅳ.①G775

　中国版本图书馆CIP数据核字(2017)第065184号

青 少 年 ： 挑 战
QINGSHAONIAN：TIAOZHAN

出 品 人　聂雄前
责任编辑　王　民　胡小跃
责任校对　梁　萍
责任技编　梁立新
封面设计　知行格致

出版发行　海天出版社
地　　址　深圳市彩田南路海天综合大厦　（518033）
网　　址　www.htph.com.cn
订购电话　0755-83460239（批发）　83460397（邮购）
设计制作　深圳市龙瀚文化传播有限公司 0755-33133493
印　　刷　深圳市希望印务有限公司
开　　本　889mm×1194mm　1/32
印　　张　8.375
字　　数　180千
版　　次　2017年8月第1版
印　　次　2017年8月第1次
定　　价　32.00元

前　言

　　青少年是国家和民族的未来。关爱青少年，利在当代，功在千秋。本书正是出于这样一种考虑，如歌曲《托起朝阳》唱道的"献了青春献白发，为了江山为子孙"，他们在大量调查研究的基础上，分析在社会转型期青少年成长中存在的诸多问题和障碍，并给出一些解决问题的方法和途径。

《托起朝阳》（歌曲）

　　倾注了多少深情，你把我当作自己的亲人；
　　捧出了多少热忱，你把我当作自己的知音。
　　伸出我温暖的双手，牵引你走出迷惘的困境；
　　敞开我火热的胸怀，守护你纯洁的心灵。
　　抚慰天下父母心。
　　献了青春献白发，为了江山为子孙。

都来关心下一代，托起朝阳育新人。

中华满园春。

望穿了多少双眼，你是我美好明天的憧憬；

浇灌了多少心血，你是我生命不老的延伸。

哪里有渴望的眼睛，哪里就有忙碌的身影；

哪里有热切的期盼，哪里就有关爱的温馨。

终生不悔夕阳情。

献了青春献白发，为了江山为子孙。

都来关心下一代，托起朝阳育新人。

中华满园春。

这是著名歌唱家彭丽媛曾经演唱的歌曲《托起朝阳》，是中国关心下一代工作委员会的会歌。《光明日报》评价："这首词曲皆美的歌曲不仅有一种音乐的美感和穿透力，而且可以让人们感受到一股忘我的崇高精神力量。"

全国有800万退休"五老"（老干部、老战士、老专家、老教师、老模范）在孜孜不倦地做着关心下一代工作。这首歌曲由深圳市南山区关工委策划、创作，这本书由深圳市关工委、深圳市南山区关工委课题组编撰，深情表达了关工委老同志对青少年无私的挚爱和殷切的期望。

目 录

附：事例

第一章
青少年成长的困惑

　　"每个时代都有它的问题，每个时代的人都有他的使命。"北京大学潘维教授于2014年8月14日在一场青年学子与老英雄、老模范的价值观对话时如是说。在社会转型期，社会、经济、文化持续快速发展，各种新事物、新问题、新困难、新挑战不断出现，各种思想、文化相互激荡，人们的思想观念更为多元化、多样性。所有这些，都不同程度地为青少年健康成长添加了一些不确定的因素。

　　社会转型期青少年成长中存在的问题，无疑是党和政府所关注、千家万户所关心的问题。我们要正确面对社会快速发展带来的现实挑战，有效、及时地解决这些错综复杂的问题。

家庭教育之困惑

　　家庭是孩子最早认识外界、最先接受教育的地方。人的一生绝大部分时间是在家庭环境中度过的。父母是孩子的第一任老师，家庭是孩子的第一课室。人生的许多基本能力是在幼龄时家庭环境中形成的，其性格也是在此时逐步形成的。美国教育家泰曼·约翰逊认为："成功的家教造就成功的孩子，失败的家教造就失败的孩子。"（《家庭教育全书》）从这个意义上讲，家庭教育是其他一切教育的基础，对一个人的健康成长有着无可代替的作用。

　　"望子成龙，望女成凤"是为人父母者最大的心愿。天下父母没有一个是不希望自己的孩子能够成才的。但中国孩子的父母大多用自己的成长经验教育孩子，很少主动去学习掌握现代教育学、心理学、医学等知识，很多家长当不好孩子的第一任老师。没有教不好的孩子，只有不会教的父母。"不会教"的问题普遍存在。家庭教育之困惑主要表现在如下几个方面：

第一，家长偏重对孩子知识的灌输，不太重视能力的锻炼。

中国现行教育体制在一定时期发挥过积极作用，为国家短时间内培养出一大批建设人才。现在，国家也意识到因其忽视社会发展规律，长期过分重视知识的灌输，不重视适应能力、创新能力的锻炼，不利于国家和社会的长远发展，但积重难返。父母们在大环境影响下也助长了应试教育的长盛不衰。他们眼中的所谓成才，大多数只是希望孩子学习成绩突出。"只要孩子学习好，其他什么都不用操心。"家长们都喜欢这么说。同时，牢记了另一句话，"不要输在起跑线上"。从幼儿园甚至更早期开始，教育没有别的目的，就是奔着升学去的。

在这种应试教育所迫的大环境下，孩子们没有快乐的童年，他们被沉重的课业负担压得透不过气来。他们的每一天都是在紧张与忙碌中度过的。每天，从黎明睡梦中被唤醒，一大堆作业相伴到深夜，对很多孩子来说，这都是正常现象。

除了课堂上的学习任务外，很多父母还在课下拼命地给孩子们"加码"，不多的空余时间还要报上一大堆这样那样的补习班或特长班，使原本就很沉重的学习负担更加繁重。有些孩子小小年纪就戴上了眼镜，"老气横秋"，没有孩子特有的活泼朝气。

因为父母被社会环境压迫促生的功利心驱使，大部分孩子宝贵的童年被剥夺，孩子只是一部学习的机器。

【事例 1】 学生不堪学业重压而自杀

学生不堪学业重压而自杀的现象时有发生。南京市溧水一名13岁男孩因未完成作业，在家中楼道内用围巾做工具上吊身亡。现场留有遗书，写着"很爱爸爸妈妈，喜欢百合花，希望爸爸妈妈上坟时多带些百合花"。南京市燕子矶一名初中生也因未完成作业而跳楼身亡。2014年9月22日上午，湖南常德市公安局通报称，两名中学生因"不堪学习压力"相约跳楼，双双从宿舍楼坠楼身亡。

一些学生从重点幼儿园到重点小学、重点中学、重点大学，一路遍体鳞伤、筋疲力尽地杀将过来，直至金榜题名，方稍有放松。虽然素质教育的口号越来越响，但应试教育的鼓乐依然声震四方。一位少管所的孩子在听了教育专家卢勤的报告后说："我第一次听到做人的道理。我从来没有想过怎样做人。我只会做题，不会做人。"

【事例 2】 母亲的重压酿成了悲剧

浙江金华市一少年，在母亲的责骂和重压下生活了17年，他一直忍着。他若没有考入前三名，妈妈便大声吼他："你是猪脑子呀？"他忍了。进入高中，妈妈不让他听广播、看电视、看报纸，更不让他打球，说："考大学也不考这个！"每天只让他写作业，还经常去学校"监视"他。一天，他去打球，被妈妈发现，妈妈用扫帚打他，扫帚都打断了。他忍了。终于有一天，他忍受不了，情绪的火山爆发了。这天中午，他回家吃饭，见妈妈在看电视，也凑上去看几眼，却被妈妈发现。妈妈大声吼着："我告诉你，我不会给你第二次考大学的机会。你要考不上大学，我就打断你的腿！反正你是我生的，打死也没关系！"他想忍，可再也忍不住了。他愤愤地想："我已经很努力了，你干吗老和我过不去？"越想越冲动，突然看见家门口的鞋柜上有一把榔头，他失去了理智，拿起榔头冲进屋里，朝妈妈的后脑勺重重地打了几下，妈妈倒地身亡。金华市中级人民法院以故意杀人罪，判处他有期徒刑12年。

多年来，媒体报道过很多发生在学生身上的悲剧事件。这些事件既触目惊心，又发人深省。倘若人们把这些事件当作与自己无关的"新闻"看待，过眼即忘，就可能为家庭、为自己、为孩子埋下隐患。据《健康时报》报道，某高校王极盛教授2014年曾对北京2000多所学校、4万名中学生进行过学生心理健康测试，在调查中发现，有自杀想法的学生并不少。尽管多数学生只是一时性的想法而已，但问题不容忽视。

据深圳市中小学生专题问卷调查数据显示，在接受问卷调查的7395名高中生当中，每天完成家庭作业需1小时的1080人，占14.6%；需1~2小时的2455人，占33.2%；需2小时以上的3860人，占52.2%。

在接受问卷调查的983名中小学生当中，每天完成家庭作业需1小时的322人，占32.8%；需1~2小时的434人，占44.1%；需2小时以上的227人，占23.1%。

第二，"学校管教，家庭管养"的认识误区。

面对工作、生活快节奏的社会，也有一些家长认为，把孩子养大，有个好身体就成，孩子成才的教育，那是学校的事情。"学校管教，家庭管养"，是某些家长对教育的错误认知。苏联教育家苏霍姆林斯基曾经说过："没有家庭教育的学校教育和没有学校教育的家庭教育，都不可能完成培养人这一极其细微而复杂的任务。"家庭教育在孩子成长过程中是不可缺少的。它和学校教育相辅相成，是家长应尽的责任。

学者于丹于2014年9月5日在"广东职工大讲堂"开讲《感悟中国智》时，重提家庭教育的重要性。她指出，现在的家长有一个误区，就是为人父母者过多信任社会和专业学校，而忽略了家教与门风，也就是认为送孩子进最好的幼儿园、小学甚至国际学校，交昂贵的学费，这孩子肯定能成才。她说，良好的家庭教育与门风的培养，是最好的学校，幼儿园也代替不了的。"一个4岁的孩子学会认错，比他会背多少英语单词、会背多少唐诗都重要得多。"她说，"现在的孩子，特别是独生子女，有几个能向大人认错？""如果一个人40岁做错了事还没有能力担当，只会推卸责任，还会有人尊敬他吗？"于丹告诫家长，让孩子从小知道为自己的行为买单，这是家教的底线。做了什么事情自己能够负责任，这是非常大的事情。于丹在演讲中多次提到孟子提出的"仁、义、礼、智、信"，认为这些品质都是从家庭教育中学会的，而非从学校和社会学来的。

【事例 3】 孩子礼仪方面未进行过初级教导

小辉今年8岁，读小学三年级，因为成绩好经常得到夸奖。父母也觉得脸上有光。因为就这么一个孩子，父母很迁就他。家里最大最红的苹果总是属于小辉的。某日，父母带小辉去参加一个晚宴，别人还没有入席，小辉已一屁股坐到正中位，旁若无人地吆喝服务生倒可乐。等到上爱吃的龙虾这道菜时，他居然将整盘龙虾端到自己面前，就像在家里一样。虽然大家都说"没关系"，但小辉父母还是如坐针毡，难受得要命！小辉不懂礼貌，根源其实不在他，而是父母没有教孩子礼貌待人。

【事例 4】 孩子从没有受过一点点的委屈，心性傲慢

某教育家讲过他一个朋友女儿的故事：她女儿学习好，聪明可爱，尤其在数学方面表现得非常突出。不过，小女孩非常傲慢，只能听表扬的话，受不了一点儿批评。这也让小女孩人际关系非常差，甚至和器重她的老师都不能相处。比如，有一次数学老师批评了她几句，她就受不了，当堂顶撞老师。朋友非常着急，女儿的缺点让她吃不香、睡不好。她知道，如果女儿长期这样下去，心胸狭隘，倚才傲骄，她的朋友会越来越少，这对她的成长是极为不利的。大量的事实表明，缺少良好的家庭教育，孩子很难形成健康的人格。

第三，家长毫无理智地溺爱。

"溺爱"的"溺"字被解释为"淹没"的意思。如果父母对子女的爱无限泛滥起来，就会"淹没"孩子，这就是溺爱，一种失去理智的爱。

中国还不是世界上最富裕的国家，但可能是最会"娇生惯养"的国家！以前有一条传播度很广的宣传语："一切为了孩子"。很多家长做什么事情总是把孩子放在第一位，买来的东西让孩子独享；孩子想要什么就给什么，让孩子的愿望得到满足。基本原则就是绝不能让孩子受一点委屈，吃一点亏。全家人围着一两个孩子团团转，爱也爱不够，疼也疼不够。谁要是出了半点差错，就会立刻遭到其他人的严厉指责！

据有关方面对中国孩子自理能力的调查报告显示：有52.5%的家长"为孩子安排课余学习内容"；37.1%的家长"总是照料孩子吃饭、洗澡、整理床铺或收拾书包等"生活细节；34.6%的家长"经常陪着孩子做功课"。疼爱孩子的父母能帮孩子做的都做了。

邓颖超说过，"父母的心是仁慈的，但仁慈的心要用得好，用得对地方。如果用不好的话，结果就会适得其反"。当今的父母就怕孩子受苦受累，几乎事事包办，把孩子当"宠物"养，从不让孩子为自己做点什么。长此下去，孩子就会越来越无能。有腿不会走路，有手不会做事，有嘴不会说话，有脑不会思考。正所谓："你可以替孩子一时，你却不能替孩子一生。"

【事例 5】 "我爸过生日关我什么事！" "那是我的蟹！"

一位父亲曾无奈地说："平时我对儿子关心得无微不至，可是我过生日那天，他连一句祝贺的话都没有。更可气的是，那天朋友给我打来电话祝贺，恰巧我不在家，儿子接的电话。后来，朋友告诉我，那天儿子对他说：'我爸过生日关我什么事！'听了这话，我的心都伤透了！"

还有一位生活不富裕的母亲，她知道女儿喜欢吃大闸蟹，狠狠心，用自己两天才能赚到的钱买了两只。做好端上桌后，她看着女儿津津有味地吃着，心里很高兴，可自己却舍不得吃。看着孩子吃完饭了，妈妈想尝一下剩下的蟹腿。这时，一件意想不到的事情发生了——"别动！"她12岁的孩子对她说，"那是我的蟹！"这位母亲回忆起这件事时眼里仍满含泪水。

【事例6】 总长不大的大孩子

2014年，26岁的朱小姐已婚一年多。由于父母从小溺爱，婚后她坚持要求跟自己父母同住。每天早起，即便是26岁的她，都由妈妈亲自帮她穿袜子。不仅如此，吃完父母做好的早饭后，朱小姐仍要妈妈陪着，将她送到家门口的车站。母亲目送着女儿上了公交车后，才转身离开。朱小姐的丈夫说，如果以后我们有了孩子该怎么办？

南京市鼓楼医院医学心理科曹秋云副主任医师还举了一些事例：七旬老人步履蹒跚追到火车站给孩子送包子；女儿上了大学还把衣服快递回家让父母洗；家长因心疼孩子亲自帮值日的孩子扫地擦桌子……

在父母过分溺爱下，孩子失去了自理和生存的能力，最终也输在了人生的各类起跑线上。那些父母怎么就不会意识到：一味迁就、娇惯与溺爱，这不是爱，而是一种伤害。

　　家庭是社会的细胞，是人们生存的港湾。家庭教育不仅决定着孩子的成长与发展，更关系到民族的素质与未来。要想教育好孩子，首先要提高家庭教育的质量，提高家庭教育的合理性与科学性。而提高家庭教育的质量，从根本上说取决于家长的素质。家长们要从急功近利的泥潭中跳出来，从"不能让孩子输在起跑线上"这种错误理论的误导中走出来。不对孩子提出不切实际的过高要求，不对孩子施加过大的心理压力，不要"只知怜惜孩子，不会使用孩子"。

家庭教育的误区

家长在家庭教育上存在哪些误区呢？根据中国青少年研究中心的一项权威调查显示，有30%左右的家长不懂得如何教育自己的孩子。这项调查比较公正客观，符合当前家庭教育的实际情况。

其一，成绩排名的误区。

现在，家长对孩子的期望值都很高，把孩子的学习成绩视为教育成败的结果。要想考上好的大学就要让孩子上名牌高中，想上名牌高中必须上好的初中。照此类推，必须上好的小学，甚至上名牌幼儿园。平常除了照顾好孩子的生活，生怕冻着饿着，最重要的莫过于督促孩子的学习了。家长们口中念得最多的是："作业完成了没有？""功课复习得怎么样？""最近考试得了多少分？在班上排第几名？"不少家长希望自己的孩子在班上得前十名或前五名，甚至前三名。

过高的期望值对孩子产生了很大的压力，学业上的成功往往成了孩子快乐的源头，学业上的压力又往往成为他们烦恼的源头。现实是：父母对学历和成绩的高期望、高要求是大多数孩子无法实现的。

在家长重压之下，绝望和无奈影响很多孩子的情绪状态。因此，我们必须关注孩子的全面发展，培养孩子健全的人格，除了学习成绩，更要注重品德、性格、体质等多方面的培养，尤其是社会实践能力的培养。

其二，惩罚教育的误区。

家长们反映，现在的孩子越来越脆弱了。有时候，父母批评得重了一些，就可能激起他们的不满甚至强烈的反抗，而反抗的形式和结果，常常让家长难以接受。比如自暴自弃、离家出走，以致发生自残自虐、自杀等情况。出于这样的原因，不少家长不再敢批评他们，更不用说重一点的惩罚了。教育专家曹保印说："一千次的惩罚，可以使一个天才变成白痴；而一千次的鼓励，却可以使一个白痴变成天才。"因为鼓励或赞美孩子做一件事，无论如何都要比惩罚他们更为容易，也更能使一个家庭保持和谐与爱的气氛。因此，教育的最好方式是鼓励而不是惩罚，是动之以情、晓之以理、付诸于行动的引导和启发，是春风化雨、润物无声的感人肺腑的方式方法。

我们来品味一个父教子的故事：有位男孩脾气很大，经常惹事生非。有一天，父亲给了他一包钉子，要求他每发一次脾气，就在栅栏上钉一颗钉子。第一天，男孩钉了37颗钉子。后来，钉钉子的次数逐渐减少，因为他发现克制自己不发脾气，要比钉钉子容易。终于有一天，男孩一次脾气也没发。这次，父亲让他哪天没发脾气，哪天就拔出一颗钉子。一段时间后，他把钉子全都拔出来了。这时，父亲说："孩子，栅栏已不再是原来的栅栏了，它留下了洞。当你在生气时说出了伤人的话，它就会在被你伤害的人心里留下疤。以后，不管你说多少次'对不起'，疤都不会消失。"这位父亲没有采取惩罚的方式，而是采取"随风潜入夜，润物细无声"的提醒和启发方式。这种建立在让受教育者自省、自悟、自新基础上的教育方式，是最有效也是最阳光的方式。

其三，青春期教育的误区。

孩子进入初中阶段，便进入了青春期，它是以性发育迅速并逐渐趋向成熟为主要标志的时期。女孩子以第一次月经为标志，男孩子以第一次遗精为标志。由于性激素分泌水平增高，生理上出现了显著变化。如男生声带伸长加厚，讲话声音低沉浑厚，嘴边开始长胡须，而女生臀部、乳房会增大等。

孩子在青春期心理上会发生很大的变化：如对异性敏感和好奇，表面上对异性回避，内心却希望与自己喜欢的异性接触；开始注重自己的衣着打扮，在异性面前喜欢表现自己；性格暴躁，易上火，爱发脾气，冲动，自控能力差。青春期的孩子最容易犯错误，心理学上称之为"危险期"或"叛逆期"。

目前青少年犯罪率呈上升趋势，与青春期所具有的特征有较大的关系。《羊城晚报》记者登录了某市一中学高二年级的QQ群，群主透露，他所在年级80%的男女生处于"热恋"。一名女生接受记者提问："如果男朋友想跟你发生性关系，你会不会同意？"女生不假思索回答："只要两人相爱，发生性关系很正常。"调查发现，不少青少年把性行为当成一种所谓的"时尚流行"，这个有55人的高二班级，竟有19人认为"一夜情"没有什么不对，有18人承认有过性经历，其中有5人是在初中阶段发生性关系，而第一次性经历的最低年龄只有14岁。处于青春期的孩子，确实让老师与家长头疼。表现为：一是叛逆，老师、家长讲的话听不进，而社会上哥们儿的一句话却当成圣旨，常常与老师、家长对着干；二是网瘾，不好好读书，进入网吧就忘乎所以，如痴似醉，把学习置之脑外；三是早恋，在男女生群里，时常听到"男朋友""女朋友""老公""老婆"的亲密叫声，甚至为争男朋友、女朋友而大打出手，有的因偷吃"禁果"，出现早孕，让家长难堪。

对于青春期教育，确实存在不少误区，而且原因也是多方面的。对于家长来说，面对"性"，绝大多数家长确实开不了口。更有家长还认为，性教育越早会使孩子性行为发生越早，因此采取回避或沉默的态度。而对学校来说，升学教育还是压倒一切，青少年的青春期教育效果并不理想。小学老师照本宣科读健康教育课本，高中健康教育课部分让给英语课或数学课。深圳市一位中学老师说："升学压力面前，健康教育课就显得'无关紧要'了。"

据调查，青少年获得的性知识，仅有4%来自家庭，来自学校不到20%，70%以上来自社会各个角落，包括互联网等大众传媒。中国心理学会学校心理学专业委员会委员吴增强说："性道德教育不但是家长和学校的责任，更是全社会的责任。"

家长们要做的：一是学习一些青春期生理卫生知识，对孩子进行青春期生理卫生教育和指导，消除孩子对性的神秘感、恐惧感，有充分的准备，就能从容面对。二是构建温馨和谐的家庭氛围。与孩子进行心灵上的沟通，增进情感与友谊。三是帮助孩子选择健康快乐的生活方式，培养孩子的兴趣和爱好。如音乐、美术、摄影、球类等体育运动。四是加强伦理道德教育和法制教育，树立正确的人生观和恋爱观。让孩子明白，恋爱和婚姻是很严肃的大事，涉及道德和法制的内涵，而且有一份沉甸甸的责任，不能儿戏。

其四，超前消费的误区。

有些家长问：为什么现在的孩子这么能花钱？父母如何引导孩子正确消费呢？下面给大家提几点建议：

一是帮助孩子培养理财习惯。理财能力是素质教育的内容，是每个人必须具备的素养，直接关系到孩子一生的幸福。因此，应该给孩子渗透理财意识，教孩子合理支配金钱，告诉孩子挣钱不容易，培养孩子储蓄的习惯。这些理财观念都将成为孩子成长路上的无形资产，使其幸福一生。

二是帮助孩子养成勤俭节约的习惯。世界首富比尔·盖茨2006年宴请胡锦涛主席，他们只吃了非常简单的三个菜。我们中国父母省吃俭用，但常能让孩子吃"肯德基""麦当劳"、喝"星巴克""上岛"、穿"阿迪""耐克"、玩"史努比""米奇"。有的孩子生日请客、升学请客、考试第一请客、比赛获奖请客。小小年纪就把刷卡消费当成平常事。我们应教育孩子，现代人生活不是简单专指名牌，可以广义地理解现代人的观念、现代人的效率、现代人的行为方式，以及现代人的气质、现代人的素养。

三是有计划消费。父母对孩子消费的管理和指导很重要。在家庭中，父母对孩子不能给任何特权，应该让孩子清楚自己可以消费多大的份额。李嘉诚在儿子李泽钜、李泽楷只有八九岁时，让他们在课余时间兼职，通过当杂工、侍应生挣零花钱。每逢星期天，次子李泽楷背着大皮袋到高尔夫球场做球童打工，通过自己劳动领取一份收入。IBM前董事长沃森要求他的儿子从上初中时起做每周的零花钱支出计划，每月的收支目标，使儿子从小就树立有计划的意识，最后也成了IBM公司的首席执行官。我们要培养孩子计划消费的好习惯，让孩子都有一个记账本，记下自己的消费情况。到周末或月底，和孩子一起讨论总结，消费合理要表扬，消费不合理的要批评。

独生子女成长之困惑

我国是人口众多的国家，为了实现人口与经济、社会、资源与环境的协调发展，国家在20世纪70年代末就制定政策，实行计划生育。30多年来，全国累计少生了近4亿人，因而有效地控制了人口数量，推动了改革开放与经济建设的稳步发展。与此同时，我们也面临着一亿多独生子女的教育问题。

这些独生子女的出生、成长，正赶上我国改革开放、经济腾飞的好年代。他们所处的家庭成长条件，他们上学受教育的校园环境，都是以往所不能比拟的。他们当中涌现出成千上万的优秀人才，服务于国家的建设事业，也是实现国家富强、民族振兴最有希望的一代。然而，我们也清晰地看到，由于这是一个庞大而特殊的群体，他们有一些人在成长中表现出来的问题，也令人忧虑，让人深思。

其一，"孩子，吃点苦吧！动点手吧！"这是很多家长深藏内心的期盼。

现阶段的孩子多是独生子女，每个孩子都是家中的太阳，吃喝玩的条件都是家中最好的。由于家长的过度保护，怕累着孩子、伤了孩子，很多事情本是孩子应该做的，比如洗衣、扫地等，父母全然不顾地一手揽了过来。这样，在爱的庇护下，孩子原有的热情，独立处理问题的能力被削弱了，责任意识也日复一日减弱了。特别是一些父母埋怨，说现在的孩子没有责任心，很难坚持做好自己的事情。久而久之，孩子就会丧失自理与独立的能力，甚至还会产生依赖性人格障碍。

诺贝尔物理学奖获得者朱棣文在他的文章里说："我在研究工作之余，最大的爱好就是下厨做菜"，"之所以喜欢下厨可能是因为自己喜欢动手做一些组合操作的事。小时候我很喜欢玩积木，除了建房子，我跟一般人不一样，我会到库房找零件，将玩具改装成机器人。改装的过程，让我的机械物理常识得到丰富。更重要的是，我养成了自己动手的习惯，让我的双手更灵巧。我认为应该让小孩从小学会下厨。""我在选拔优秀大学生入学时，淘汰了一些被称为非常优秀的孩子。当时，孩子的父母很不理解与不满。但我说：'这些只会念书的孩子，连煎蛋都不会，怎么可能懂实验？'"以朱棣文为例，他该是"天才"了吧，可就是这个"天才"，依然将成功归之于"从小养成动手的习惯"。

《深圳市社会转型期青少年成长中的问题与对策研究》问卷调查显示，深圳市中小学生参加家务劳动时间，1000人中每天劳动时间半小时左右的718人，占72%；劳动1小时以上的265人，占16.5%。高中生参加家务劳动时间，7340人中每天劳动时间半小时的6227人，占84.2%；劳动1小时的1168人，占15.8%。从统计数字看，情况并不令人乐观。

相比之下，国外一些发达国家都较重视学生家务劳动。如英国的公立中学必须开设烹饪课。所有12～15岁的中学生每周都要上两次烹饪课。学生们要学会设计营养均衡的食谱、制作健康的菜肴。初中毕业前，学校会考核，每个同学必须学会做八道菜，否则不能毕业。

其二，一味培养孩子"服从"家长意识，结出令人意外的苦果。

世界上最长的路是人生之路。人生路上，每个人都有自己的使命。那么父母的使命是什么呢？鲁迅说过："长者须是指导者、协商者，却不该是命令者。"那就是做孩子的知心朋友，陪孩子走一程。可是，在独生子女的培养中，有些父母渴望子女出人头地，忘记了自己"陪"孩子的使命，喧宾夺主，把"陪"变成了"替"，把"配角"变成了"主角"。孩子没有选择权，人生大事都得听父母的。历经弥久的"服从"意识，无视孩子的个人意愿，其结果就可能事与愿违。

习近平总书记指出，"青年是标志时代的最灵敏的晴雨表，时代的责任赋予青年，时代的光荣属于青年"，"每个时代都有每个时代的精神，每个时代都有每个时代的价值观念。"我们可以理解，各个时代的青年都有其特定性和不同之处，关键是青年要大胆体现时代精神、时代价值观念。中国科学院心理研究专家认为，"服从文化"的产生与根深蒂固的儒家文化关系很大。服从长辈和权威已有数千年历史，影响着一代又一代人。专家认为，"服从文化"会从我们身上抢走很多宝贵的东西。比如会养出无数的"思想懒汉"，面对家庭、社会"权威"不再思考，盲信盲从，丧失了独立思考能力，创新自然无从谈起。如果民众普遍缺乏创新精神，国家就不能够长远发展。消除"服从文化"的消极影响，应是广大青年的事情，更是长辈们的事情。任何优秀的传统文化都应随着时代的不断发展而变化，才能成为最先进文化的代表。

在家庭教育方面，我们要注重在思维上鼓励孩子有自己的想法；在孩子个人成长的道路上，要放手让孩子自己独立思考、独立选择，而不是家长们一味地包办。

【事例 7】 "三个脑袋"孩子短暂的人生路

"三个脑袋"的孩子，却不能冲破较小的心理障碍。

在一个较为偏远的西部地区，有一位学习成绩特别好的女生，人称"三个脑袋"，人很聪明，知识丰富。她的物理、数学、化学都能考满分，被列为全国的保送生。可她的父母非让她报考全国最顶尖的大学不可，她不想去，父母就逼着她去，让她光宗耀祖。后来，她违心地去了那所大学。在入学考试中，她的成绩排名全班第18位。她这位当地的"状元"哪能承受得了这样的结果！妈妈只好在学校陪了她一个月。一个月后，妈妈前脚刚走，她后脚就跳楼自杀了。妈妈闻讯赶回学校，哭干了眼泪，一声一声地喊着："是我害了我的女儿！我当初不逼她，也不至于到这个地步啊！"

【事例 8】 出人头地的孝子弒父

王昆仑虽有厚实的科学文化知识，但一遇挫折就手足无措，暴露出他的自私短视、心胸狭隘、不善于与人相处、行为偏激的人格缺失。

2014年1月29日，江苏省扬州市邗江区发生一起惨案：53岁的王明道当场死亡，与他同岁的妻子张云玲头颈部受伤。制造这起惨案的凶手，竟是他们29岁的独子王昆仑———一个供职于美国知名公司的留美博士。

王明道夫妇一直爱子如命，王昆仑也是公认的孝子。

那么导致这起惨剧发生的原因是什么呢？王昆仑家在扬州市邗江区槐泗镇酒甸村，该村经济比较发达，只有王家还住在破旧的小屋里。为实现王家的读书梦，王明道不惜血本培养孩子。

2001年8月，王昆明以全镇第一名的好成绩考进了邗江高中。王明道夫妇当即决定去陪读，夫妻俩租住在学校附近，打零工赚钱贴补家用。王昆仑在学习上也付出了比常人更多的努力。

2004年8月，王昆仑被中国科技大学录取。王明道夫妇既兴奋又骄傲，摆宴庆贺。宴席间，因表舅一句话："不就是读个国内大学嘛，我儿子还在美国留学呢！"感到很没面子的王明道叮嘱儿子：给我家长脸，将来也当个留学生。王昆仑攥紧拳头坚定地回答："爸，总有一天我会出人头地的！"同样，这一天，表舅、父母和他一起不知不觉共同种下了来日的祸根。

2008年5月，大学毕业前，王昆仑因父母身体不太好，家中又长期欠债，想选择在国内发展。王明道知道儿子想法后说："人家做梦都想出国，这可是我们家翻身的好机会，我们就是讨饭也要供你读完。你别忘了你表舅笑话过我们。"其母亲也红着眼睛说："你不出去读书，就是要我们的命啊！"王昆仑闻言不再坚持。然而，一直在父母呵护下长大的王昆仑独立生活能力很差。初到美国接连犯错，自尊心极度受挫。王昆仑就在电话里以担心两老身体为由想回国。其父亲一听就着急了："我和你妈都挺好，你安心学习就行。"他发誓要用成绩为王家争光。

2013年5月王昆仑毕业回国后，有人给他介绍一个女孩，可见面时，王昆仑却紧张得不知道怎么说话，相亲自然失败。不久，经导师推荐，他应聘到美国一家知名公司工作，年薪37万元人民币。2014年1月20日，王昆仑回家过春节，他还清了18万元债务。在父母催促下，王昆仑经同学介绍同一个南京大学毕业的女孩子见面。因对方过于看重王昆仑家境问题，他第二次相亲又告失败。王昆仑很委屈，他想一头撞死，但又害怕了。案发后，王昆仑交待："父母对我恩重如山，我死了他们会很伤心，又没人给他们养老。我害怕白发人送黑发人，想想还不如大家一起走。"

2014年1月29日8时左右，王昆仑用菜刀残忍地割断了父亲的喉咙。接着，他又向在猪圈里干活的母亲下了狠手，然后割喉自杀。好在邻居及时赶到，才使张云玲和王昆仑母子被抢救过来。2月24日，扬州市邗江区人民检察院批准逮捕王昆仑。鉴于他属于无精神病症状抑郁症，系限制刑事责任能力，可从轻处罚。3月16日，其母亲向法院递交了刑事谅解书……

代沟下心灵之困惑

"对话"形式是现今大部分家长、教师以及社会阶层所缺乏或陌生的交流方式，更不用说形成习惯了。相反，自以为是、高高在上、唯我独尊的"训话"，却是我们最为熟悉也最常采用的交流方式。

"小孩懂什么？"是我们许多家长的"口头禅"。有位哲人说："要想认识孩子，首先就要接受孩子，从孩子的角度看问题。"当孩子有困扰时，作为父母的我们，首先要做的是和孩子进行有效的沟通。回溯到2006年春，深圳市南山区关工委的老同志受邀参加南油小学五年级一个班的家长会。当着老师和同学的面，小敏对妈妈说："妈妈，你不知道，我更愿意跟您的照片说话。这样，话说多了你不会烦我，话说错了你不会怪我。照片中的你永远和蔼地微笑着。"

如今，能够耐心听孩子说话的父母越来越少了。快速发展的社会让人们的生活节奏越来越快。父母们忙于事业、忙于应酬，甚至忙于网游、忙于麻将桌前，而大大减少了和子女的相处时间。社会组织或商家组织的形形色色的"亲子活动"，往往形式大于内容，致使越来越多的爸爸妈妈和孩子之间的代沟日益加深。

孩子在成长过程中会出现各种问题，有些问题对孩子来说是一些无法逾越的鸿沟。习惯了快节奏生活方式的父母们常常忽略了这一点，只是一味地对孩子提出各种要求。如果父母以"听我的"的高姿态出现，甚至随意敷衍了事，就会使孩子感到有一堵高大厚重的"墙"，横亘在自己与父母之间，以至于自己不敢也无法越过它。而父母又会觉得孩子不愿与自己亲近，什么话都不告诉自己，于是交心的桥梁断了，互相不理解的局面就出现了。

如何实现与子女真正的沟通？需要注重以下几个方面的问题：

第一，沟通从相互尊重开始。

做父母的首先要尊重孩子的人格，保护孩子的自尊心。但有不少家长秉承"打是亲，骂是爱"的封建教育遗训，粗暴地打骂孩子，给孩子造成心灵伤害。

【事例 9】　千万别这样粗暴无理地打骂孩子

据报载，一位母亲让孩子去地里摘菜。孩子摘了一些菜准备回家，转念又想：这些菜够不够？不够的话又要回来摘，多摘了母亲又会骂。犹豫不决之下，她背着筐子回家了。"菜摘回来咯！"女孩俏皮地跟妈妈说，但迎面而来的却是母亲的一顿恶骂。母亲嫌菜少，便把菜往地上一倒，用脚踩得稀巴烂。女孩被吓哭了，她多希望母亲此时能安慰一下，可是母亲没有，反而拿来了皮带，一边狠狠抽打，一边骂："叫你哭……叫你哭……"女孩洗澡时，看着身上的一道道伤痕，泪水在眼眶里打转。伤口的疼痛算不了什么，但内心的疼痛却让她彻夜未眠。另据报载，有位父亲叫儿子拎一桶水，孩子支支吾吾地答应了一声，父亲顿时火冒三丈，劈头打来。孩子哭着跑开，父亲往孩子背上就是一脚。孩子的心在哭泣。他在日记上写道："当时，我真想一死了之。"一个12岁的孩子已有了可怕的轻生念头。

　　在我国的传统观念中，孩子像是父母的固有财产，既"受之于我"，就要听"我"处置。对孩子不宽容、不理解，动辄随意打骂孩子。在这样的家庭中，孩子的苦恼、无奈都只能藏在心里，久而久之，孩子与家长就会对立。现在，虽然有法律保护未成年人，但还是有一些不懂法、不知法、不守法的家长固守封建传统落后的观念，潜意识地树立家长绝对权威，让孩子无条件服从。我们确实不能指望这样的家长能够把孩子培养成一个有健全人格的人。

【事例 10】 母亲"缺位"，孩子选择了放弃

2012年8月，广州白云区的张女士开出高薪为女儿阿柒聘请家教：年薪20万元，包吃、包住，要求全职陪女儿课外学习，提升女儿学业成绩。

张女士经商十余载，生意做得风生水起。她丈夫是某国企的中层领导，两个人都永远把工作放在第一位。所以，独生女儿很小的时候，就送到东北的外婆家，直到15岁才回到他们身边。

女儿一回来，张女士就安排她到重点中学读书，女儿的生活全交给保姆照顾。女儿在校读书仅两个月，张女士几乎天天收到老师的告状短信。她偶然从朋友那里得知"外包教育"，认为花点钱能解决头疼的问题非常值得。可是她雇了几个家教，女儿都不配合。最后，张女士找到了毕业于广西某师范大学的小曾。

15岁的阿柒给小曾老师的见面礼是——一瓶红酒泼了她一身，又往她身上吐了口水。一招不管用，又往小曾老师身上泼墨水，骂她"乡巴佬"。

为了20万元家教费，小曾决定与阿柒斗智斗勇。第一招是投其所好，化敌为友。小曾把自己打扮成一个十足的不良少女，一改平时端庄稳重的家教老师形象，而阿柒反觉得在同学面前很有面子。穿街走巷之中，阿柒对小曾说："我恨我爸妈，他们对我都不如对猫狗、花草好。那些玩意他们还愿意用心去打理，可是我呢，从小就被他们

看作累赘，被送得远远的。"小曾明白这个内心脆弱的问题女孩，需要的是理解和关爱。

化敌为友后，小曾开始把她带到德国人开的咖啡馆里学英语，提高她的英语成绩；为了提高阿柒的语文成绩，常给她说些古诗词和名言名句，培育她的兴趣；晚上睡前又给阿柒讲莎士比亚或大仲马的喜剧故事，阿柒渐渐地爱上了读书与写作。2012年底期末考试，阿柒由班级倒数第五名一跃成为第七名。

阿柒和小曾后来关系非常密切，但与近在咫尺的妈妈话不投机半句多。张女士曾经试图改变现状，但都因她习惯用教训的方式跟女儿说话而不欢而散："这么简单的问题都弄错了，你长没长脑子啊？"后来，两人为学习上的事争吵激烈，张女士还打了女儿一耳光。动手后，她发现女儿看自己的眼神中明显带着怨恨。这样的状况一直维持到2013年10月。一天下午，张女士发现了丈夫和小曾的奸情。一个家庭就这样破裂了，阿柒也选择小曾当妈妈——她可亲可爱的家庭教师。

著名"知心姐姐"、教育家卢勤说过："人类最不能伤害的就是自尊。在家庭中建立起亲情乐园，创造和谐、欢愉的环境，要从尊重孩子开始。"这话就是一面镜子，为人父母者不妨站上前去照一照，"整整衣冠"，调理好教育子女的心理状态。

第二，倾听是关键的沟通环节。

消除代沟，必先了解并理解孩子的心灵。倾听他们的各种想法、各种感受，分享他们的快乐，分担他们的痛苦，自然就能和孩子心连心。如果总是端着长辈的架子，不屑于听孩子的生活琐事，那两代人的心就会越走越远。

【事例 11】 "冷静＋倾听"是与孩子沟通的前提

报载，某市有一对母女刚吵完架，坐在沙发两端沉默着。妈妈冷静下来，打破僵局说："我们应该好好谈一下。"女儿望了下母亲，没说什么。"孩子，对不起，刚才我太冲动了，我说的是气话，希望你别放在心上"。

听了妈妈的话，孩子有些不知所措，妈妈的话太突然了，她感到很局促。"虽然我们的分歧还存在，但我希望我们能够永远这样平静地交谈，好吗？宝贝？""因为你连续几天都没有做家庭作业，老师非常生气。你有什么办法补救吗？"妈妈又说道。"我可以利用今天晚上的时间将没有做完的作业补上。"女儿终于回答道。"哦，将作业补上这是不错的做法，但是，我想知道你不想做作业的原因是什么。孩子，能告诉我吗？"就这样，母女平静地坐在沙发上交谈起来。

【事例 12】　海鸥虽笨，为什么只有它能够飞越海洋

天天这个孩子平时学习很努力，他每天都认真地完成作业。但考试时，同桌考第一，而自己才考了全班第19名。回家后，他困惑地问他妈妈："我是不是比他笨？老师给我们讲同样的课，一样认真写作业，我觉得我和同桌没有差别啊，可是，为什么每次考试我都比他差？"这种情况对孩子来说是一个难解的问题，同样在许多孩子中存在，因为成绩怀疑自己的能力。有的父母会告诫孩子："考第一的人，脑子就是比一般人聪明。"也有的父母会责备孩子："都是你平时太贪玩"或者是"你平时不够勤奋，比别人努力得还不够"。这样的话语不是孩子想要的答案，这种说法会让孩子对自己失去信心。

孩子的妈妈带他去看大海。当天天看到云雀在海浪袭来时，敏捷地起飞，脱离险境，而海鸥显得有些笨拙。妈妈对孩子说："海鸥虽然显得笨拙，但真正能够跨越海洋的只有它们。"孩子明白了，后来的考试虽然只得了第15名，离同桌还有很大距离，但孩子不彷徨，因为他知道自己该怎么做了。

以上两个事例说明，倾听多么重要。尤其是当孩子有困扰时，作为父母的我们，首先要做的事是静下心来，倾听孩子的心里话，用心引导他们该做什么，不该做什么，只有这样才能进行有效的沟通。

第三，换位思考，增强沟通效果。

对于孩子，做父母的往往是让他们吃得最好，穿得最舒服，仅此而已。对于孩子到底在想什么，到底需要什么，做家长的往往不能深入地了解和洞察。很多时候，由于家长不理解孩子，还会造成彼此间的误会和矛盾。孩子的内心是一个神秘而脆弱的世界。他们善于用行动来表达自己的感受。可是，并不是所有的行为都能被父母理解。孩子们常常被误会，常常被批评，但在他们内心深处并不知道自己为什么错了。

【事例 13】 "那朵花是想送给妈妈的"

一位爱花的父亲，看到幼小的女儿珍珍用剪刀把自家阳台上开得最美的一朵花剪了下来，非常生气，对女儿咆哮起来。女儿望着大发雷霆的父亲，吓坏了。从那以后，原本活泼可爱的孩子开始变得沉默寡言。

这位父亲等到女儿懂事时才知道，女儿剪下那朵花是想送给上晚班的妈妈。"那朵花是想送给妈妈的"，幼小的珍珍可能在内心深处无数次对自己说。父亲非常后悔自己当初没有问明原因就斥责孩子。但是让这位父亲更懊恼的是，无论父亲怎么努力，也没有办法再让孩子恢复过去活泼、开朗的性格。

这说明，教育孩子关键在于走进孩子的内心，从孩子的心理出发，要学会换位思维，不要一味以我为中心，尤其是不要用命令的口气或者盛气凌人的口吻说话，应像成人那样，进行相互尊重的交谈，用"商量"的方式相处。这样的教育效果才会更好。

第四，不跟青春期的孩子较劲。

何谓青春期？通常把10岁至20岁这段时间。青春期是人生最美丽的阶段；青春期又是尴尬的，有很多难以启齿的问题困扰着孩子们。随着生活水平不断提高，现在大多数孩子在10岁至14岁就进入了青春期。站在新的起跑线上，许多孩子在生理、心理、行为等方面均发生了明显的变化，往往表现出青春期的叛逆，让家长颇为困惑。

【事例 14】　"青春期"与"更年期"互不相让

在调研中发现，有一个家庭，女儿是初中三年级学生，母亲43岁。女儿和母亲的关系发生了危机。父亲说，他女儿本是一个很乖的孩子，除了学习让家里操点心外，其他方面都很好。上了初中后，开始迷恋歌星，而且学习成绩直线下滑。娘儿俩一说话，特别是一提学习上的事儿，不是妈妈摔摔打打，就是女儿把房门"嘭"的一声关上不出来，有时干脆连饭也不吃了。

看到家里这个样子，做父亲的心里特别焦急，经常跟女儿探讨这样值不值得。有一次谈话后，女儿是好多了，吃饭时还主动提起期中考试的事，说："爸妈，这回考试还行，就是物理考得不太好。"谁知，这话刚开头，她妈那边就火了："没考好，多少分？""没及格。""没及格，你就不及格了！"女儿强压住火，她妈在那边却越说越来劲儿，什么"整天跟个没事人似的""就知道喜欢那些没用的……"女儿一气之下，把饭碗给摔了。结果她妈照着女儿就是一巴掌，女儿也不示弱，两人就厮打起来了……

"青春期遇上了更年期！"表面上看，似乎是两个不同生理时期的碰撞，其实却包含了两代人之间的矛盾和冲突、困惑和无奈。这是一种正常现象，我们应明白，对处于青春期的孩子，更需要的是理解，是信任，是"我的青春我做主"，而不是以"我都是为你好"为借口，忽视孩子的感情需要，以致造成与你离心离德，甚至格格不入。只要家长能多掌握一些心理学的知识，注意处事方法，是能够帮助孩子顺利度过这个阶段的。

望子成龙与过度教育之困惑

世界上几乎没有不爱自己孩子的父母，也没有不希望自己孩子成才的父母。现代社会竞争日益激烈，一些家长为了使自己的孩子"不输在起跑线上"，将来能"成龙成凤"，盲目跟风，安排孩子的课外学习。舞蹈、钢琴、绘画、外语、书法……投入了大量的精力与财力，却没有真的考虑孩子的实际兴趣和爱好。

每个孩子都是独立的个体，所以每个人都应该有一种适合自己的成长方式。古希腊有句格言，是"认识你自己"。每个人都是独特的、不同的。每个人都有不同的禀赋，需要每个人自我发现，找到最适合做的事。教育的目标并不仅仅是为了打造一批社会精英，更加重要的是让每个孩子拥有愉快、美满的人生。

长时间以来，我们又面临着怎样一种状况呢？

其一，假期成了孩子的另一个课堂。

学校教育实行寒暑假制度，目的是为了适应孩子身心发展的需要，这是有科学根据的。孩子平时学习紧张，利用假期放松一下，有张有弛。到了新学期可以更好地提高学习效率。

大多数家长却把假期当作孩子的另一课堂，甚至把双休日也变成课堂的延续，孩子就像一个上紧发条的闹钟，一刻不停地学这学那。每当假期临近，好些家长开始忙着给孩子安排假日的学习计划。学什么？数学得打好基础；英语要与国际接轨；兴趣爱好不能落下，琴棋书画、音乐舞蹈总得通晓两样。于是择校与找老师，不惜血本，结果孩子失去了自己支配时间的机会。快乐被扼杀，心灵被摧损，极易造成孩子的逆反心理。

假期里的孩子们常常还没有睡醒，就被家长们从被窝里硬拽出来，硬睁着一双惺忪的睡眼，晃悠悠赶往上课的地方。有一个叫刘乐的小朋友这样诉苦："和上学相比，我的寒假只是少了考试而已，妈妈给我报了英语、声乐、美术、跆拳道4个培训班，每天都安排得满满的。其实，我只是对美术感兴趣，其他的一点兴趣都没有。"面对寒假，9岁的刘乐一点也快乐不起来。

其二，无视孩子的兴趣和爱好。

"兴趣是最好的老师。"兴趣能使孩子的智能得到最大限度、最持久的发挥。当孩子做自己感兴趣的事情时，他往往能全力以赴。相反，如果家长要求孩子放弃他极感兴趣的事情，做一些他不喜欢的事，孩子通常难以有所成就，还会与家长发生冲突，甚至产生很多难以预料的消极后果。

【事例 15】 请给孩子留一点兴趣爱好的时间、空间

小刚从小就非常喜欢小动物，而且热衷于研究小动物的生活习惯。初中时，常常因观察小动物而弄得浑身是泥。家长对此很生气，觉得他不务正业，于是想方设法阻止他到外面去玩。

开始，小刚总是趁着家长不注意偷偷地跑到附近的公园里做自己喜欢做的事。有一次，他把一只黑色的蜘蛛带回家，父亲大发雷霆，呵斥他不应该把这么脏的东西带回来。爸爸一脚踩死了蜘蛛，妈妈摔碎了他积累好几年的装着各种标本的"百宝箱"。那一刻，小刚愣住了，回到自己的房间默默坐了一个下午。

从那以后，他的学习成绩一落千丈，变得沉默寡言。家长为此非常发愁，甚至怀疑他是不是智力有问题。而小刚的生物老师对家长说："小刚这孩子特聪明，如果好好培养，将来一定会是一位非常出色的生物学家。"

类似的例子不胜枚举。有一个非常喜欢绘画的小男孩，他画的作品有一定的表现力，充满了童趣和想象力，可以说是一位有美术天赋的孩子。可是，父母觉得绘画是"非主流"，将来很难就业，美术不够实用，不如学英语实惠。父母还认为不上美术学院，以后上学考试用不着。因此，他们收起了孩子所有的绘画工具，强迫孩子到英语兴趣班上课。

在深圳，送孩子上特长班，成了不少家长的共识。很多家长甚至认为，不给孩子报特长班就是亏待了孩子。有相关统计资料显示，深圳市3岁以上学龄前儿童，七成以上报了特长培训班，多数孩子还报了钢琴、绘画等多个特长班。

一位学习钢琴8年终于考下十级证书的孩子，对他的妈妈说："妈妈，我再也不弹琴了。你知道吗？你让我练琴的时候，是我最恨你的时候。"

开发孩子的智力，让其掌握一门特长的想法是好的，但现实是许多孩子在这种学习中得不到乐趣，应证了那句俗话："强扭的瓜不甜。"

孔子说："知之者不如好之者，好之者不如乐之者。"只有孩子心中对事物充满好奇心和无穷的求知欲时，他们才能自发、努力地学习，家长寄予他的美好愿望才会有实现的一天。

儿童社会化过程的缺失之困惑

儿童社会化过程，是指一个人在儿童阶段通过人和社会的相互作用，获得语言、思维、情感等能力和最初行为的方式，逐步了解社会、掌握生存能力的过程。儿童社会化是人的社会化过程的第一步。

对儿童社会化的培养一直没有引起足够的重视，致使一些儿童虽然在学习上成绩优异，但缺乏必要的合作精神。他们不会关心他人，社会生存能力与其年龄不相适应，缺乏社会适应性等。下面就通过一些事例，来看看在儿童社会化过程中，我们在培养教育工作中的缺失。

第一，忽视基本生活技能教育。

当今中国家庭独生子女居多，家长们基本上不主张、不鼓励孩子做家务。调查显示，中国城市家庭独生子女每日家务劳动时间仅为11分钟，不及美国孩子的1/6。超过70%的城市独生子女几乎从未做过家务。

成都市王先生抱怨称，自己10岁的女儿，对一些简单的活儿，她不仅不爱动手，而且即使做了一点，也要跟家长讨价还价。"洗碗一次50元，扫地拖地70元。有时候她妈妈做饭，让她去买作料，还要收跑路费。"

某家媒体曾披露过一组数据：各国的学生每日家务劳动时间为美国1.2小时、韩国0.7小时、英国0.6小时、中国0.2小时。而实际上何止是中小学生，就连中国的许多大学生都不愿意或不会做家务。比如《秋光》2014年第六期报道：大连的周奶奶收到一件快递，开学八天，刚上大学的孙女寄回一大包衣服和7双袜子，让她帮忙洗。

【事例 16】 娃娃买菜，都不识葱蒜

深圳市坪山区小朋友在夏令营中发生了一连串爆笑场景：2014年7月16日，坪山办事处团工委组织了25名8岁至12岁的小朋友，到金龟村进行叠被子、做饭、搭帐篷等各种生活体验。

小萌娃被分成3个小组，按照任务卡的要求，每组人要拿100元，到菜市场购买一斤猪肉、一斤芹菜以及鸡蛋、大葱等食材。萌娃们到了菜市场，面对琳琅满目的蔬菜，他们犯难了。"除了芹菜，其他蔬菜我都不认识。"一个小朋友说。其他小朋友面面相觑，但老师要求他们自己解决。

无奈，萌娃们只有启动"猜"的模式，每遇一种菜，

他们先彼此询问："这是大葱吗？"意见不统一，只好向菜档主求助，拿着任务单上的菜名，让老板帮忙指认。确定好要买的蔬菜后，萌娃们又启动"讲价"模式，每问一次价钱，萌娃们都会齐声喊道："便宜点吧，老板。"有的小朋友还会撒起娇，把老板逗得可乐了。

买了食材，就是和面包饺子。因为放水太多，面团始终和不起来，小伙伴们只好求助老师；擀饺子皮，把小面团擀成了烙饼；煎鸡蛋忘了放油，锅底黑一片。

中午时分，一盘盘形状各异的饺子出锅了。萌娃们争先恐后地吃了起来，并不时发出"太好吃了"的惊叹声。老师问为什么好吃？他们齐声道："因为是我们自己做的！"

中国的孩子为什么不爱做家务？很显然，还是在于家长的错误认识。在不少家长眼里，智育是孩子成才、成功的唯一路径，分数是衡量孩子是否优秀的唯一标准。学习任务繁重，家务事自然都由家长包办。因此导致孩子从小就缺乏必要的劳动意识和自理能力。俗话说，三岁看八岁，八岁定终身。在大力提倡素质教育的今天，专家们告诫父母应尽早给孩子提供劳动的机会。让孩子从小事做起，体会劳动的快乐，感受劳动的滋味，无疑对培养其责任心、感恩的优良品格和健全人格有积极的意义。

第二，剥夺孩子说真话的权利。

孩子是未来社会的主人，其思想感情、品格形成至关重要。在少儿时期，优良人品底蕴往往直接体现在他们是否敢说真话、说实话。

【事例 17】 学生说真话是否"动错了脑筋"

"春天细菌繁殖旺盛，夏季的蚊虫都在这时滋生；春天易发流行感冒；春天雨淅淅沥沥下个不停，很烦人，像个爱哭的小姑娘，总是止不住；春天冷热不均，忽冷忽热……"

这是小学生小左写的一篇名为"春天"的作文中的一个自然段落。作文交到老师那里后，挨了批评。老师对全班同学说："有的同学不停地在作文中写春天不好，不听老师讲解，胡思乱想，跑了题。古往今来，文人都夸春天好，说春天不好是动错了脑筋。"

春天也不全是"古往今来，文人都夸春天好"。越剧《红楼梦》中的林黛玉在春天里吟唱："人说道，大观园，四季如春。我眼中，却只是，一座愁城。""杨柳带愁，桃花含恨，这花朵儿与人一般受欺凌。"小左说出了事实，道出了自己真实的心情，却因此被老师批评为"胡思乱想""动错了脑筋"。

小贺是个初二男生，他看到几个戴着墨镜的公务人员正对集市上卖东西的农民又骂、又打还要收钱，十分生气，就写在了作文中，结果被老师批得一无是处。老师说："那么多好事你为什么不写？要是毕业升学考试时这样写，你就完了！"看来，老师这样做，确实是为了学生好。不能说真话、不能露真相的不良社会风气影响之深，哪怕是在圣洁的校园也较普遍存在。

2015年6月16日，曾任中国教育部新闻发言人，现任语文出版社社长的王旭明在新浪微博上，发起有奖征集"假话"：

"您可能有孩子上幼儿园、小学、中学和大学，请把您的孩子在受教育期间，老师让孩子说的假话和做的假事写下来，告诉我们，启迪大家。"征集"假话"缘起于他朋友的孩子大宝讲的学校新鲜事："老师说明天有人来听课，大家发言可以不用举手，站起来回答问题即可。大家要争先恐后，别怕答错，也别怕几个人同时站起，那才显示出咱班同学的学习积极性和主动性呢。"

不少网友回应了王旭明的微博征集，讲述了自己小时候在语文课上被"教"说假话的例子。王旭明评论道："假公开课、假教学经验、假考试题目、假教学成果、假教育家等，在语文教育中尤甚。从这次带点娱乐性的征集引起的反响可见一斑。"

在人类社会诸多变数和社会大环境的影响下，实话实说确实存在很大的困难。但从长远看，让孩子养成能讲真话，至少不说假话的习惯，是非常重要的。而家长、教师们需要做的，就是不要在孩子说真话时，批评他们，打击他们，更不能讽刺、挖苦他们。

第三，不可忽略培养孩子独立生活、独立思考的能力。

孩子没有主见，责任在谁？可以说，责任应主要在父母身上。日常生活中常见这样一幕：

每天晚上，妈妈把整理好的衣服，放在孩子床头，并对孩子说："宝贝，我把明天要穿的衣服放在你床头了。"孩子刚要出门，妈妈便对孩子说："宝贝，以后别总是和那些调皮的孩子一起玩。星期天和楼上那个王磊一起玩吧，人家学习好，多向人家学习。我都帮你约好了，让他星期六来咱家玩"。

下面是一对母子在麦当劳的对话：

妈妈："想吃什么呢？"

儿子："我想吃1号套餐。"

妈妈："1号套餐好吃吗？鸡肉不好，吃牛肉吧！"

儿子："那好吧，就吃2号套餐……那再来个香芋派吧！"

妈妈："要红豆派吧！"

儿子："我觉得香芋派好吃些。"

妈妈："红豆派好吃。"

儿子："那好吧，就吃红豆派吧！"

再来看另一个母亲，又是怎样教孩子的：

小翼是个活泼好动的孩子，他喜欢参加各种活动。一次学校组织去山区旅游，小翼因忘了带父母的同意书无法上车，不能去玩。小翼非常不高兴，回到家对妈妈说："妈妈，你送我到山区吧。"

"小翼，不要耍小孩子脾气了。我知道你很想去，但让我开车送你去是不可能的。"妈妈回答说。

"那怎么办呢？"小翼低着头小声说。

妈妈看了看儿子，说："你可以乘公共汽车去呀。"小翼摇了摇头："不行，那太麻烦了，因为我必须换乘好几趟车。"

"哦！你是说你已决定不乘公共汽车了，对吗？"妈妈平静地说。小翼发了几分钟牢骚，然后走出了房间。当再次回来时，他兴奋地对妈妈说："我已经找到了一辆到达山区的公共汽车，不需要转车。"就这样，妈妈开车把他送到公共汽车站。仅仅是多开动了一下脑筋，小翼就找到了解决问题的办法。而妈妈并没有直接给他任何帮助，他通过自己的努力达到目的，无疑会增强他的自信心，使他能够自信地面对各种困难。

爱因斯坦说："学习要善于思考、思考、再思考。"学会思考对一个人成长极为重要，是"思考的启示把人从奴隶解放成自由人"。同样，父母要创造让孩子"自我做主"的机会。鼓励孩子有疑问时多独立思考，主动解决问题。在生活中、课堂中、课外活动中，多给孩子"自己做主"的机会。充分地信任孩子，大胆放手让他们去计划、安排、实践。著名教育家陶行知所说："解放孩子的创造力，解放孩子的头脑，解放孩子的空间，解放孩子的双手，解放孩子的时间，解放孩子的嘴。"

第四，应重视幼儿园及教师管理问题。

相关研究表明，0～6岁是人一生中发育最快、进步最大的时期。当我们看到一双双天真无邪的眼睛，开始能够从幼儿教师身上读懂什么是真善美、假丑恶时，他们蹒跚学步，迈开人生第一小步，这个重要道理就再明白不过了。幼儿园教师的素质高低十分重要，直接影响到幼儿教育的成败。

【事例 18】 幼儿园园长及教师问题

1. 2014年春夏之际，河北平山县两河乡两河村两所幼儿园因生源问题产生矛盾。其中一家幼儿园园长用注射器将毒鼠强注射到酸奶中，放到"对手"幼儿园小朋友的上学路上，导致两儿童误食死亡。

2. 2014年10月7日《南方都市报》刊文："幼师长

期严厉批评幼儿,家长指其虐待"。该文称,深圳市南山培基国际幼儿园五班一名叫维维(化名)的学生,已连续几天没上学。妈妈路女士说儿子"不想上学",经常会在晚上睡着后哭着醒来。问他:"见到幼儿园老师和小伙伴,你不想他们吗?""不想。"维维重复着回答。路女士说,在不久前的一次午休中,维维因为睡着后尿床遭到陈老师的严厉批评,甚至说让孩子"滚出去"等过分的语言。包括路女士在内的三位家长称,陈老师经常在上班时打手机,或者把自己的私事带到课堂上。多名家长认为幼儿园在管理上存在诸多缺失,老师水平参差不齐。后经查实,陈老师确实存在公开批评维维,有言语不当的过错。

3. 山东省青岛开发区一幼儿园2014年级大班举行毕业典礼,全体毕业生身穿学士服在父母的陪同下,依次走过红地毯,在毕业榜上签下自己的名字。其气势不输当红影星红毯秀。

深圳市委市政府为了贯彻落实教育部关于加强师德建设精神,于2014年3月12日出台了《深圳市中小学教师师德档案管理规定》,教师若对学生存在14种行为中的任何一项失范,将被一票否决。师德考核不合格者或被解雇。但至今未见出台"幼儿园师德管理"之类的规定。

大众传播潜移默化的作用

媒体组织运用先进的传播技术和产业化手段，以社会上一般大众为对象而进行大规模的信息生产和传播活动，从而影响庞杂的受众。我们所处的时代，科学技术获得迅猛发展，网络的兴起，媒体的整合，强大功能的大众传播给社会带来重大影响，容易使人们对它某些负面、消极的影响放松警惕或者懈怠。我们必须要有一个理性与清醒的认识。

大众传播有"新闻""宣传""教育"和"娱乐"四大社会功能，在对社会发生积极影响的同时，也存在着诸多不良的消极影响。主要表现在以下5个方面：

一、新闻方面的负面作用。

在新闻报道中，不时有不宜宣扬或公开提倡的内容。

【事例 19】 部分传播媒体以"八卦"文章吸引受众

某报2014年7月16日"综艺"版报道有一篇颇具文采

的文字与图片："世界杯八卦常谈，那些'霸'啊，那些'神'啊！""你或许不知道为什么J罗拿走了金靴，却会记住他又帅又年轻的奶爸；你或许不能将太太团和球员们一一匹配成功，却多少能记住几个'乳神'。四年一次的世界杯，催生了多少'霸''神'级人物……"接着看"霸"之描述：南非世界杯，巴拉圭名模里克尔梅一夹成名，被封为"乳神"，可是女人天性爱斗，你有我也有，凭啥你第一？于是乎本届世界杯涌现出一批又一批的"波霸"。中国虽然没有打进世界杯，但"乳神"这个名头，美女们也跃跃欲试。"北大校花"樊玲在微博上"应景"，以乳沟夹手机的方式声援自己支持的德国足球队，被称为"中国乳神"（刊有照片）。

"德国太太团也以精致脸庞、火辣身材荣膺太太团之首，在看台上组成一道亮丽的风景线。球星赫迪拉女友莉娜是德国超模新秀大赛的冠军，拥有179cm的身高和90-62-89的黄金比例身型，被称为'德国甜心'。难怪有人说，德国闪亮亮的太太团就可以看出冠军的影子。"

再看"女神"之艳照：刊有一幅大尺寸的艳照，莉娜上身赤裸，搔首弄姿，男友赫迪拉身穿黑色西服紧贴其后背，右手掌伸出压在莉娜的双乳上，作亲昵拥吻状。

以上的报道，是否是要读者明白，德国足球队在世界杯中问鼎，靠的就是背后有一群艳丽的女人？

二、爆炒明星八卦新闻。

青少年对偶像、明星是比较追崇、迷信的，尤其是对演艺界的明星，但青少年看到的更多是他们光彩照人的一面。据中国青少年研究中心统计的青少年偶像与榜样中，绝大多数是娱乐明星。

近些年，有的人一走红就出事，有的吸毒，有的涉黑，有的嫖娼，有的酒驾，有的无证驾驶。好像各类案件，明星们都会牵涉一遍。看着明星们屡屡犯事，你不能不回想起他们走红那阵子媒体渲染的情景：出门带着墨镜，身后还跟着保镖；别人央求半天才签出一个谁也看不懂的名字。他们的一举一动都被爆炒，都被当作新闻，遇见什么他们都可以优先而行。在很多网页上，文化新闻早已被八卦所占据，而八卦大多是明星的那些鸡毛蒜皮的事情。一些人被捧上天，有名有钱又有气场，连各种励志、婚恋、选拔节目，都非要他们到场才有人气，而很少有人注重他们的道德品质。

【事例 20】 青少年较多受八卦信息影响，盲目追星

河南有一位母亲曾致信《生命时报》，求助报社帮助她解决女儿疯狂追星的问题。上高中的女儿爱看明星八卦新闻，最近还迷上一名韩国演员，深夜偷偷地用手机在被子里研究他的八卦信息，打算跟同学一起逃课，去外地参加他的见面会……

2013年11月8日，李某在北京丰台家中砍死追星女儿。争吵之中，女儿说了一句"我爱明星比爱父母重要"，想到之前女儿追星的种种行为，他失去理智持菜刀砍击13岁女儿头部，致使女儿失血性休克死亡。

三、宣传方面的不当作为。

在正面宣传中，因宣传不当，使正面宣传的作用被削弱，甚至被抵消的现象时有发生。

每年3月份，全国各地都会组织各种形式的群众性学雷锋活动，这是一件好事。半个多世纪的事实证明，无论时光如何流逝，世事怎样变迁，雷锋精神都是我们这个社会最宝贵的精神财富。

雷锋做好事的原则是不留名。理由很简单，他觉得那些"好事"都是情理之中的平常事，不值得留名。可是，今天某些所谓"学雷锋活动"又是怎样呢？在一些新闻报道中，我们常见到一些组织机构竖红旗，扯横幅，在闹市或找个早就踩好点的地方，象征性地做点"好事"，然后出现在新闻媒体里，算是圆满交了"学雷锋"差事。

四、网络环境的不良影响。

在网络环境中成长的部分孩子，对网络的负面影响缺少鉴别能力和自控能力。主要表现在：

一方面，青少年在网络中能够更快地积累知识，但亲情和个人情感有淡化的趋向，甚至个别孩子还会产生人格分裂的情况。

【事例 21】 "猛头"漠视亲人生命

广东清远市有一名15岁的初二少年，会考全镇头名，电脑游戏全镇头名，短跑速度全校头名，被同龄人称为"猛头"。在学校他是"明星"，讲义气、爱帮助人。但他沉迷电脑游戏和网络而不能自拔，回到家里总是被责打。猛头为此"恨"他的父母。"我想像周星驰演的《整蛊专家》一样整蛊我父母，决一死战。"一次，猛头因在网吧上网被父亲打骂后，对他的最好朋友这样说。猛头母亲对儿子更苛刻地要求考试成绩。猛头在期末考试中数学只考了90分，其母亲见未能考100分，就宣布整个寒假不能上网吧。"我恨死我妈了。"当晚，猛头跟好朋友聊天的记录上出现了这句话。

除了上网，猛头还偷偷地抽烟。2011年3月6日，猛头抽烟的事被妹妹告发。3月7日，猛头的妈妈和8岁的亲妹妹在家被杀死。3月8日，猛头向警方报警，向警察这样描述："我去网吧上通宵了，回来看到妈妈和妹妹死了。"案件3月9日告破，犯罪嫌疑人猛头被拘押入监。

现在社会上常见的事，比如过节聚餐，一家人好不容易有机会聚在一起，可有些孩子却只顾自拍、发微信、刷朋友圈。不少年轻人严重依赖微信等社交方式，忽视亲人之间面对面的交流，而家庭在形式上把孩子围在家庭中心，缺少心灵沟通，造成了家庭的社会功能弱化，应引起社会的重视和关注。我们要教导孩子，在哪些情况下要放下手机，比如升国旗的时候，亲人、师生在一起聚餐的时候。

另一方面，社会上工业技术属性的东西更加突出，人的思考空间越来越狭小。

通过网络、电子传输的新媒介确实给学习、生活带来了十分便利的条件，但一些问题也如影随形。例如，学生的一些作业会让老师怀疑，这是学生自己写的还是网上摘抄的？电子书阅读非常方便，但缺少翻阅纸张的享受和写笔记的乐趣，甚至失去对书本和知识的敬畏。南京师范大学教育学院副教授刘春琼最担心的是："浅阅读、碎片化阅读，使青少年思维简单化，用转发、点赞代替了自己的观点，别人的思想代替了自己的思考，制造博学的假象，不做深入思考，甚至置观点本身的内在逻辑于不顾。"

【事例 22】 不容忽视开发孩子的想象力

教育专家卢勤曾去一所城市小学和一所农村小学调研，让孩子们做同一种游戏：她在黑板上画了5个圆，让孩子们加点什么，看看会变成什么。每次有5个孩子上来画，结果很不一样。

城里的孩子画的很复杂：太阳、小花、小孩、钟表、向日葵等。

农村的孩子画得较为简洁：有的孩子在圆上加一竖——鸭梨；圆下加一竖——气球；有的孩子上来在圆下加一横——太阳从地平线上升起；有的在圆中画一个正方形——奶奶的铜钱；有个男孩在圆上点了很多小点点儿——这就是芝麻烧饼。

从这个实验看，农村孩子更富有想象力。

事例是否说明，那些轻而易举就能得到各种东西的孩子可能会丢失想象力，或没有能够去开发想象力，而渴望得到东西的孩子会首先开发想象力。

"想象力比知识更重要。"这是爱因斯坦的著名论断。今天的孩子缺乏思考的空间时，我们的家长，我们的学校，该做些什么来引导他们，开发他们的想象力呢？

五、娱乐方面的不良影响。

当前社会化多元趋向决定了大众传播呈现的多层次，如世俗化、平民化、娱乐化等多元价值取向。新闻娱乐媒介在市场化的环境下，一味注重和迎合大众口味，片面追求经济效益，导致传播文化不断出现大量庸俗、媚俗的内容。

《新视点》曾刊载一篇文章《明星狂晒萌娃的背后有何动机》。文章称：近两年，娱乐界发生一些奇怪的现象，那就是各路明星纷纷争相晒自己的宝贝子女。过去，明星们对婚姻状况总是很忌讳，隐婚一度成为娱乐界明星的一大特点，而且许多明星害怕因婚姻而阻碍事业的发展而不敢结婚。有的结婚多年，甚至子女已大，还称未婚。然而，现在风向突转，不但及时或尚未结婚就公布自己的婚讯，而且生下孩子之后，不顾身心疲惫赶紧晒宝贝。有人认为，主要原因是扩宽捞金渠道。明星捞金就那么几条渠道，但名气、颜值、绯闻等，已没有多少新鲜度。随着各大媒体纷纷开通宝贝节目，明星们似乎受到了启发，纷纷带着自己的宝贝参加各类节目。"爸爸去哪儿"这档节目更是把明星晒宝贝推向了高潮。其次，为儿女将来铺路。明星收入高，社会资源广，若能成为明星或沾上边就有这样、那样莫大的好处。

当今的少年儿童及家长在看了这些明星宝贝节目后，

会有何感想？很多人会感慨："做明星真好！""有一个当明星的爹或娘，岂不是更好？"

大众传播是伴随着科技发展而出现的一种强大有力的大型信息传播工具系统。我们在积极研究大众传播功能的同时，必须对它的负面影响有较高的认识，及早防范，尽可能把给予大众的消极、负面影响降到最低程度。

网络文化的诱惑与冲击

经历短短20年，一个叫互联网的时代好像从天而降。2017年3月3日，全国人大代表马化腾在提交的议案中指出，至2016年底，我国互联网网民数达到7.31亿，占全国人口比例54%，其中手机网民数达到6.95亿。马化腾在谈腾讯的社会责任时提到，2016年腾讯处置网民举报不良信息1700万次。

"衣、食、住、行、网"的"网"看来已成为人们不可或缺的必需品，是构成当今人类赖以生存和发展的物质基础的重要模块。人类生活增添了新元素，代表人类智慧又进入了一个新的阶段。为此，我们既应敞开胸怀迎接互联网时代的到来，又要不断认识和利用好它，并真正能够驾驭它。尤其对于青少年群体来说，它的吸引力空前强大，但任何事物的把握都有一个度，若不慎或稍有疏忽，就可能会导致一些难以预见的不良后果。如互联网的每一条信息接收者，都可以成为信息的再制造者，可能会发布不良评论、不雅视频等。所谓"全媒体时代"，因为做这些事情不再需要"术业有专攻"，而是每一个人都轻易能够去做的。

《秋光》2014年第8期刊文称：互联网时代又被称为没有秘密的时代。一个地方一旦发生了一些稍微大一点的事情，立刻就会被传到网上，被成千上万人浏览关注。人们可以从网络上获得相对真实客观的信息。这些"热点话题"进入我们的思维，甚至左右着我们的生活方式、生活情趣。

青少年是最容易接受新生事物的。80%以上的城市青少年从1999年就开始在家中或网吧使用过互联网（中国的互联网时代从1994年开始）。现在，上网已成为他们生活中的一部分，六成以上未成年人在10岁之前开始接触网络，未成年人触网年龄还在进一步降低。未成年人上网排在前三项的主要活动分别是玩游戏、听音乐和QQ聊天。《深圳商报》于2014年7月21日发文呼吁，学生用手机上网已成为家庭、学校共同面临的难题。2014年7月，《人民日报》发表中央党校副校长韩庆祥的文章，该文称：我们党面临着八大新的伟大斗争，其中第七项任务就是"网络斗争"。这是"天使"与"魔鬼"的斗争。

青少年在不良网络环境中成长，容易酿成的主要问题有：

一是沉迷网络，不能自拔。

部分青少年，特别是平时缺乏学习动力的青少年，在学习中缺少成就感，家长又缺乏正面的引导，他们就容易逃避现实，到网络世界去寻求实现自我、感受成功的快乐。日复一日，这些孩子就会沉迷其中，无力自拔。

【事例 23】 一旦沉迷网络，难以自拔

1.家住深圳湾的吴先生讲，在前两年，他的两个孩子因为泡网吧，竟然七天七夜没回家。家长在附近进行地毯式搜寻，都没有找到人。正所谓："人在网吧中，网深不知处。"

2.母亲以死劝子，不要再沉迷"打游戏机"。广东化州市的李姨，其丈夫没有固定工作，家庭收入拮据。夫妻俩常因此争吵，这本已令李姨伤心不已，而十三四岁读初一的大儿子李仔迷恋网吧，更可谓雪上加霜。为避免李仔外出上网，李姨不惜花钱买回一台电脑，让李仔在家上网，但李仔不理解母亲苦心，仍时常外出打游戏机。

一天晚上，李姨得知李仔没在学校自修，急忙上街寻找，在附近的游戏厅找到李仔，劝其回家，李仔不肯，李姨便跳河自尽了。邻居唏嘘不已："想不到李姨最终以这样极端的方式寻求解脱，真让人痛惜啊！"

深圳市中小学生专题问卷调查的统计中发现：

高中生上网时间：每天1小时以内3579人，占56.4%；1～3小时的2655人，占41.8%；3小时以上的112人，占1.8%。他们上网时一般做什么？玩游戏等娱乐的有4541人，占75.2%；用于学习的有1494人，占24.8%。

初中生玩游戏有471人，占61.2%；用于学习的有299人，占38.8%。

沉迷网络游戏，首先是摧残青少年身体。医学专家指出，长时间沉溺网络游戏会使人产生精神依赖，导致植物神经紊乱，体内激素水平失衡，使人免疫功能降低，引发心血管疾病，肠胃神经功能病，紧张性头痛、焦虑、忧郁等，甚至可能死亡。

2015年，淮川市一中学生一连泡吧十几天，视力由1.2下降到0.2；新邵县一名13岁的小学生从家里偷出300元钱在网吧里玩网游4天4夜，由于网络游戏的强烈刺激和惊心动魄的打斗，血压升高，心率加速，又加上过度疲劳，最后猝死在网吧；浏阳一名12岁的小学生在网吧泡了3天3夜，饿了喝口水，困了伏在电脑桌上打个盹儿，通宵达旦地玩游戏，当家人找到他时，身体已经极度虚脱，几近死亡。网瘾者对游戏的痴迷，可以不吃饭、不睡觉。玩游戏时精力高度集中，伴随着血液流动加速，心跳加快，人的体力、精力消耗很大，再加上网吧空气污浊，人员多，烟味、食物味、汗臭味俱全；机器声、打闹声、脏话声、叫喊声，声声刺耳；卫生、环境条件极差，严重影响身体健康。

其次是侵蚀社会的道德水准。有一些网络游戏内容比较低级、荒诞，有的甚至赤裸裸地鼓吹利己主义、拜金主义，容易使青少年迷失方向、失去理想，失去道德和社会责任感。

最后是青少年心理受损。因为网迷对上网有很强的心理性依赖，一旦入迷，很难自拔。轻则影响学习、身体，重则致使心理变态、心灵扭曲，甚至可能引发青少年犯罪。

很多父母很困惑："我的孩子不玩电脑游戏的时候像个天使，玩电脑游戏的时候就像个恶魔，怎么说都不肯放手，经常暴发家庭大战。我该怎么办？"

我们要提倡"绿色网络游戏"的引进和开发，要注重游戏内容和形式的健康，最大限度地减少黄色以及暴力方面的内容，构建一个和谐、健康的电子游戏产业体系，引导电子游戏产业的健康发展。进一步规范网络游戏以及网吧的运营、管理，制定切实可行的检查方法与惩处措施。学校和家庭要从正面积极引导青少年上网，教导青少年进行适心、适体的网络游戏，防患于未然。

对于已经沉迷网络游戏的青少年，不能放任自流或放弃，学校、家庭和社会要共同帮助沉迷网络的青少年，帮他们找到正确的解脱沉迷网络的办法。

据从事这方面教育的孙女士分析，她自己曾经也沉迷过大型多人在线游戏，后来儿子长大了，特别喜欢电脑游戏，和他在长期的"猫捉老鼠"斗争中积累了不少经验。她在与不同的父母交流中发现了不少共性，对孩子爱玩电脑游戏，可以用"三三三"划分归类：即三类孩子；三种游戏；三个办法。

三类孩子：普通孩子、游戏成瘾者、极客（对电脑科技很有天分者）。占大部分的是普通孩子，爱玩游戏但并没有到荒废学业的地步。游戏成瘾者则整天沉迷于游戏，为此经常迟到早退、逃课逃学。极客和普通孩子、游戏成瘾者最大的区别是，极客有相当高的智商和创造力。

三种游戏：单机游戏、竞技类网游、升级型网游。好的单机游戏和竞技类网游可以锻炼孩子的大脑和社交能力。父母需要让孩子避免的是升级型网游，成瘾性最大、杀伤力也最大。

三个方法：融洽的亲子关系是一切的基础，是家长最重要的法宝；逐步培养孩子的自控力，能玩能停；转移注意力，引导孩子的其他个人兴趣。

玩电游成瘾的孩子往往来自缺乏温暖的家庭，有的家长用暴力、羞辱、呵斥来强制管教，有的家长则是放任或冷漠，疏于管教。如果孩子在现实中得不到温情，就会在虚拟的游戏中寻找安慰和成就感。孙女士建议，在孩子小的时候，每周一定要有几天不能玩电游，只有这样孩子才有机会寻找其他娱乐。家长、老师要让孩子早一点知道电游成瘾的危害，这是培养自控力的基础。要了解孩子大脑的发育规律，多鼓励、少苛责，积极管教比惩罚管教更有效。为孩子扩充电脑游戏相关领域的兴趣，如电脑游戏编程、机器人、做视频、画动漫、写故事、音乐创作，甚至创办游戏俱乐部，写游戏书，还可以寻找孩子在电脑游戏之外的兴趣，如游泳、球类、象棋、吉他等等。

二是不能适应社会，心理脆弱。

有一名大学生，因沉迷网络从清华大学两度退学，后再参加高考又被北大录取。走出泥潭的该名大学生讲述了自己的心路历程。他说，父母对他非常溺爱，造成自己一直过度依赖父母，不善于与人交往，自我封闭，就到虚拟世界寻找自我。由于从小学习成绩好，从学校到家庭都被捧着、护着，而自己没有什么远大理想和责任感，唯一的目标就是高考，所以上大学就迷失了自我，不知道到底该干什么，于是沉迷网络，成天玩游戏。

三是法律意识淡薄，恣意妄为。

网络诈骗已成为社会一大毒瘤。令人担忧的是，个别孩子也深陷其中，走上违法犯罪的道路。

【事例 24】 网络诈骗、杀人犯罪时有发生

1.2014年8月22日，某报报道成都某作家QQ号被盗用，该报文艺部主任热心助友，1小时被骗走7万多元的消息，引起大量网络诈骗受害者的共鸣。被骗走7万元的文艺部主任一向热心助人，面对好友临时急难，并未多想，马上急人所急，结果正中骗子下怀。

案破后，才知道骗子是一名叫阿光的中学生，其爱泡网吧，爱玩游戏，经常找朋友阿强要钱，多半有借无还。阿强说："老这么借不是办法，哥儿们给你指条赚钱的道。"阿强亮出盗来的QQ号，手把手教他……阿强在审讯中，揭秘了完整狩猎流程：一是设陷阱；二是投诱饵；三是鱼上钩；四是收网；五是提现；六是清扫。

2.为了上网之需，个别青少年居然罔顾人命。《南方日报》报载：17岁的吕某因父母离婚、家庭破裂，长年寄居在大伯家里。由于缺少父爱母爱，很小就到网吧找"快乐"，沉迷电脑游戏。2015年3月7日，当他又一次沉醉于网络之中，被亲姑指责后，竟然将姑姑残忍杀害，并将尸体掩藏在隔壁房间。其后，还邀朋友前来在家中继续玩游戏。当警方在网吧抓捕吕某时，他居然声称："打我都行，千万不要动我的电脑。"

3.河南安阳15岁少年涛涛随父母到广州打工。他经常逃学上网，沉迷于网上的"虚拟江湖"。一次因为父母亲不愿给他几十元上网费，竟然将自己的双亲杀害。

此类案例，令人唏嘘感叹，更令全社会深思。

四是无心读书者数量增多。

《晶报》曾有一篇报道称：90后是浅生活、浅阅读的一代。看视频、玩游戏、刷微博、聊微信……电脑和手机已成为他们无法离开的工具。手机好像长在学生的手上，只要一停下来，他们要干的只有一件事——刷屏。超过半数以上的学生在家的主要娱乐方式就是上网。家长们只知道孩子在家待着，但不知道他们在网上跟谁交谈，或者在做什么。当你问他们课余时间会读书吗？有的学生会感到惊讶："网上什么都有啊，要东西下载就是了。买书，太土了吧！"

在地铁里、公交车上，我们鲜见捧书阅读者。城市里的各个角落，我们多见到低头"刷机者"。2016年4月25日《侨报》报道，最新调查显示，中国国民2015年人均纸质图书阅读量为4.58本，与美国的人均一年阅读50本纸质书相差10倍以上。而据联合国教科文组织的调查，犹太人以64本的年人均阅读量雄踞世界首位。我国人均纸质书阅读量从来不超过5本，其中还包括教科书。每天人均读书时间一直徘徊在15分钟左右。因此，更为理解我国不得不为推动全民阅读立法。

我们再来看看与阅读密切相关的另一个话题。2014年10月13日《南方都市报》刊登《新华书店何去何从？》。

该文称，2008年至今，广州有7家书店关停。与2012年相比，2013年新华书店的一般图书（课本除外）零售额下降17.46%。尽管读者不在实体店买书，但超过七成读者认为，实体书店有强烈的人文特点，是一个城市的文化窗口。有读者还讲"把书拿在手里面翻翻，如果突然发现一本自己喜欢的书，那种感觉，在网上买是没有的"。

青少年利用手机等工具，可以随时查阅信息，但这些大多是碎片化信息，对增加知识有一定好处，但对提升素养、增长智慧有局限性。读书是人们求知的根本途径，是提升个人素质的源泉。也折射出一个国家、一个民族的精神面貌与创新、发展的潜力。

2014年2月，国家主席习近平在索契接受俄罗斯电视台专访时说："现在，我经常能做到的是读书，读书已成了我的一种生活方式。"日理万机的国家最高领导人尚且把读书当作"生活方式"，我们呢？读书不只是一小部分人的事情，尤其年轻人要多读书，读好书，才能成就智慧人生，做一个有较高素质的人。

在深圳市中小学生专题问卷调查中，高中生喜欢阅读者有4052人，占54.8%；初中生、小学生喜欢阅读者有602人，占61.2%。然而，他们相当多的人喜欢阅读的媒介是手机和电脑。高中生使用手机阅读者有3269人，占44.2%；使用电脑阅读者有1346人，占18.2%。初中生、小学生使用手机阅读者有180人，占18.3%；使用电脑阅读者有303人，占30.8%。另外，在阅读课外书时做笔记的，高中生1176人，占15.9%；初中生、小学生162人，占16.5%。从以上统计数据看，初中生、小学生的纸质阅读量比较少，而且动手做笔记的人更少。

五是早熟、早恋现象比较严重。

现在，孩子们一般在识字之后就开始浏览网页，并使用QQ等聊天工具。有一个9岁的男孩已能熟练地和陌生人聊天，而对方是成年人，根本没有意识到自己正在和一个9岁的学生沟通。这样的儿童不少见，他们跳过了传统的学习知识的过程，脑海里快速全面地"下载"了成人世界的很多东西。一句话，他们过早接触到成人生活。

数据表明，现在的孩子由于饮食构成和社会环境的影响，平均提前2～3年发育。如某地一个刚上初中的13岁女孩子和同班同学相恋、怀孕，对其造成生理和心理的双重创伤。

2014年4月13日，全国"扫黄打非"办、国家互联网信息办、工业和信息产业部、公安部四个部门联合发布公告，在全国范围内开展打击网上淫秽色情信息"扫黄打非，净网2014"专项行动。社会各界，尤其是学生家长、教师等对专项行动拍手称快。希望"净网行动"继续有声有色地进行下去，进一步筑起保护青少年身心健康的"绿色屏障"。

"微文化"下的迷失

　　微信、微博、微电影、微小说、微媒体、微广告、微支付、微贷、微管理、微投资……我们已经进入一个名副其实的"微时代"，这种以碎片化、零散化、即时化为特征的新兴社会形态——微文化，已成为当下文化的一张名片。

　　"微文化"概念最早的提出者要算歌手麦子。麦子在北京的酒吧中演唱，同时传播着自己关于"微文化"的理念。1999年，《通俗歌曲》杂志开辟了"麦子与微"的专栏，麦子在其中发表了大量的文章，他本人也在对"微"的追求中逐渐领悟"微文化"。但对于普通百姓来说，"微文化"的到来应该在微博兴起的时期。2009年，新浪网等中国门户网站将国外流行的"推特"模式引入中国，开启了全民微博的时代。

　　青少年生活在这种无处不在、无时不在的"微文化"海洋之中。"微文化"凭借其即时性、便捷性、通俗性，以及动态化和个性化等独特优势，已经成为新兴的文化形态，潜移默化地影响着青少年的日常生活。

一是"微文化"的兴起。

首先，当代互联网技术的日臻成熟，WiFi覆盖提升，移动3G、4G技术的的启用，为网民提供了更为优质的上网环境。同时，智能手机的功能日益完善，价格持续走低，也促进了庞大的智能手机用户群的形成。这些都为"微文化"的兴起奠定了重要的物质基础。目前，"微文化"的传播主要依靠智能手机、平板电脑等移动通信终端，通过微博、微信、QQ、Line、Skype（MSN）、BBS等自媒体平台，运用文字、语音、视频、图像等多种形式进行实时互动的交流和传递，具有"短、平、快"的显著特点。

其次，青少年是"微文化"传播的绝对主体和最活跃用户群。很多青年都热衷于通过微博、微信等"短平快"的形式抒发情感、疏解压力。其中既有对流行时尚的追捧，也有对人生社会的深思和对未来生活的展望，"微文化"成为青少年获取知识和信息，汲取营养和娱乐的第一"源泉"。

第三，随着物流业的空前发达和完善，在"宅"现象日益流行的当下，"宅男宅女"们更喜欢把自己放逐到独立的空间中，独自享受着一个人的世界。他们与外界联系的方式大多通过网络来实现，如网购、网聊、网恋、网络社交、网上写作和阅读、网上理财等，不少年轻人的日常活动几乎都是在网络上完成的。

第四，在"微文化"传播中，"个人价值"被充分认可和尊重。无论是发表生活随笔和个人感想，还是有见地的观点和评论，或者转发、分享有吸引力的文字、图片、视频等，都会提高自己的被"关注度"。"发帖、回复、转发、点赞"这几个动作虽然简单，却极大满足了青年网民的参与需求和表达欲望，使他们切身感受到线上与线下、网络与现实的有效互动，感受到自身的价值，增强了内心的成就感。

二是"微文化"对青少年的影响。

"微文化"作为新兴的文化形态，起源于微博客的风靡流行，成熟于微信、微小说、微电影、微视频的广泛普及，与互联网的普及尤其是移动互联网的发展密切相关。"微文化"虽"微"且"散"，却日益成为影响青少年价值选择的"新文化"。不可否认，它也是利弊相随的。既集诸多优点于一身，也带来不少负面效应，需要引起注意。

一方面，伴随自媒体时代的到来，"微文化"以其"短小精悍"的特点极大便利了青少年自我表达和群体交流，也方便了各种信息的获取与传递。"微文化"正以其"微言大义"的内涵和"无微不至"的外延，通过一些看似"微不足道"的行为，从细微之处影响、改变着人们的思维和生活方式。比如微博用户用140个字"说出自己"

"传递信息"，用只言片语就能记录个人生活，也能完成对某事件的报道和传播，这是"大而全"的传统表达和传播方式所不能比拟的。小行动也能汇聚成大场面，"微而深厚"的"微文化"就是一种力量的积聚。

另一方面，"微文化"的兴起也不可避免地带来了一些负面效应，如垃圾信息的泛滥、谣言的生成、负面情绪的传播、伪科学的散布等。在"微文化"背景下，由于信息生成的低门槛和信息传播的自主性，每一个人都成为信息的接受者和传播者。当信息在各自的社会化圈子网状扩散、迅速发酵时，不少人在不辨信息真伪的情况下，成为无意识的信息传播载体。同时，"微文化"是一种快餐文化，一定程度上造成了人们社会生活的碎片化，社会浮躁之风日盛。这在一定程度上消解了文化的厚重性和整体性，使经典文化的积累和传承更加任重而道远。

三是利用微文化，促进青少年健康成长。

从目前看，"微文化"对社会的影响是利多于弊的。谈"微"色变实非明智之举，引导利用使其成为传播正能量的"磁场"，才是当务之急。

以"微文化"为载体，扎实有效地服务青少年，开展各类思想引领工作可以有多种手段。

1. 创建"微媒体"：创建新青年、共青团微博，用于发布共青团相关工作信息，讨论社会热点话题等。开设共青团微信，用社会主义核心价值体系引导青少年，利用资源开拍微电影。

2. 搭建"微舞台"：在青少年活动中心广场创建青年文化广场，整合区内各青年表演社团项目以及高校文化资源，每周确定一个主题在广场上进行表演和展示。大力扶持和鼓励大学生自主创业，对微型企业文化创意产业孵化园的创业者进行扶持。

3. 做实"微公益"：成立"微公益"文化宣讲团，组织一批"微公益"文化宣讲志愿者定期向青少年宣传微公益理念，鼓励带动人人参与"微公益"、处处体现"微公益"、时时争做"微公益"，并与区内志愿者组织合作，开展公益活动。

4. 开展"微体验"：在青少年活动中心成立青少年角色体验中心，组织青少年体验厨师、教师、医生、工人、警察等社会角色，通过社会角色体验提升青少年换位思考的能力。同时成立社会角色体验站，定期和不定期地组织辖区内青少年开展各类体验活动。

5. 促进"微成长"：通过"微媒体""微舞台""微公益""微体验"，促进青少年"微"成长。打造优秀志愿者团队，依据爱心奉献时长为优秀志愿者评星定级，在所属市民学校爱心储蓄银行公布结果，吸引更多的热心人士加入志愿者队伍。

第二章
青少年成长的途径

1949年，新中国成立。战乱甫定，百废俱兴，中国掀起大规模的社会主义建设高潮。知识、文化、人才的极度缺乏催生了传统教育的快速复兴。之后在移植苏联凯洛夫、苏霍姆林斯基教育思想的基础上构建起的社会主义新的教育体系，仍然没有摆脱以考试为中心，以升学为目的的桎梏。

其后，虽然毛泽东主席屡屡对教学方法、考试制度、师生关系等方面发出质疑，但封建科举文化影响背景下应试教育的巨大惯性并没有根本改变。

"文革"十年教育领域的荒芜造成国家知识和人才的巨大断层，国家科技、经济和文化几近崩溃。20世纪70年代末，世界知识经济起步年代，中国以"恢复高考"为标志吹响向"四化"进军的号角。由于对知识和人才的极度渴望，中国教育复兴走的仍是"文革"前的老路，以旧式的传统教育为基石，放弃苏俄转而引进欧美杜威、夸美纽斯、赫尔巴特等人的教育思想。受历史的局限，错失从应试教育向素质教育转轨的最佳契机。

由于教育资源（特别是高等教育资源）的严重匮乏，造成供求关系失衡，加之中国家长望子成龙的传统观念和独生子女家庭过高的教育期望，引发应试教育愈演愈烈。人们愈来愈清醒地认识到，教育失误的根子在应试教育，而应试教育的最大弊端是对青少年思想道德建设的淡化。

成"大器"靠的是品德

道德是以善恶评价为标准，依靠社会舆论、传统习惯和内心信念的力量来调整人与人、人与社会、人与国家之间关系的意识形态和行为规范。从广义上说，青少年道德教育包括行为养成教育、心理健康教育、爱国主义（含革命传统）教育、法制（含安全）教育、环保教育、思想品德教育等内容；从狭义上说，则主要指思想品德教育，即一定的道德规范在个人思想和行为中表现出来的较为稳定的特点和倾向，是道德认知、道德情感、道德意志、道德行为等构成的综合体。本书内容主要指后者。

谈到国民素质，一个绕不过去的坎就是青少年的道德教育。青少年道德教育的核心是建立价值体系。没有正确价值观念的人，容易冲破道德底线，成为没有行为标准的人，其行为方式会变得非常紊乱。有人批评现在的年轻人"百无禁忌"，就是说他们的价值体系已经乱套，这是值得全社会关注的严重问题。

中国早期教育思想家陶行知在80年前就曾反复告诫人

们，"道德是做人的根本，根本一坏，纵然是你有一些学问和本领，也无甚用处。并且，没有道德的人，学问和本领愈大，为非作恶愈大。"许多一线教师也总结出切身的体会：有德有才是正品，有德无才是半成品，有才无德是危险品。如今每个家长都希望孩子"成器"，而人们却未必注意到，成"小器"靠的是知识，成"中器"靠的是能力，成"大器"靠的却是品德。

但是，我国应试教育体制认可"分数才是硬道理"。虽然在不断改革，但从家长到校长，从学生到老师，都瞪圆了双眼盯着学生的考试分数，只要分数高就能一俊遮百丑。虽然人们口口声声称"德育第一"，又有多少学校、教师、家长把培养孩子的思想品德放在第一位？于是，我们的道德教育容易踏空，甚至会越来越弱化、虚化。

每年高考，都有成千上万的学生仅为几分之差而落榜，鲜有听说因为品德较差而落榜的。因为品德差是可以包容的。人们无力改变这种高考录取的机制，那就只能适应这种机制——学生、家长、教师齐心协力为分数而战。我们曾听说一个真实的笑话：某生品行不良，屡有偷盗行为，但学校担心影响他升学录取，高考前在其"思想品德"一栏中竟然填上"手脚勤快"的评语！

因为道德教育对于升学率没有实际作用，于是学校大都没有专职的德育教师，德育课往往由班主任或学校行政干部兼任，调课、缺课、误课成为常态；老师们习惯于用知识教育的套路来培养品德，思想品德课满足于照本宣科，不出乱子，因而普遍存在德育的"针对性"和"实效性"问题。北京东方道德研究所所长王殿卿教授将我国道德教育的现状归纳为三个词：一曰"应付"，上级布置什么任务，就赶紧应付；二曰"应景"，现在什么时髦，就教什么；三曰"应试"，期末考什么，就教什么。显然，这种应付、应景、应试的道德教育的效果可想而知。

现在，我们思考一下青少年道德教育实践中的几个倾向性问题：

第一，迷失中的理想信念教育。

所谓理想信念，从大的方面说，是指人们对未来社会的憧憬和追求，或对某一理论、思想、教义的崇尚、笃信；从小的方面说，是指个人的一些具体行为准则和人生理想，如求学理想、从业理想、交友理想、择偶理想、人格理想等。

据报载，北京市的一次调查显示出一个令人担忧的结论：父母对子女未来成人的期待中，有"坚定的信念"被排在了所有12项指标的第十位。又据北京青年政治学院"青年社会问题"课题组的调查统计，目前我国宗教信徒中青年信徒约占30%，而这些青年信徒大多数是20世纪80年代以后入教的。再据我们对深圳市在岗青年工人理想信念的问卷调查，笃信宗教（佛教、基督教、伊斯兰教）的信徒比率达到25.5%。

一方面是家长和子女如此冷落"信念"，而另一方面却是宗教信仰在青年中如此热门，这一强烈反差着实让人忧虑和不安。理想信念作为一种追求、奋斗的方向，历来被视为一个人精神世界的主导。科学而崇高的理想信念，是引领社会前进的旗帜，也是引领青少年成长成才的指路明灯。能否帮助青少年一代树立远大理想和坚定信念，乃是一个民族、一个国家的未来和希望所在。当前青少年的理想信念教育主要存在以下问题：

一是道德概念模糊，价值判断多元化。

道德概念的表征是文明素养和行为礼仪。青少年道德观念是青少年理想信念教育中的核心问题。青少年由于缺乏足够的阅历和学识，不能全面客观地认识自我和社会现实，尚未建立正确的世界观和人生观。在日常生活中，青少年容易形成从众心理或有思想波动，对人生的价值判断标准趋向多元化，这本身不可厚非。我们认为，关键要加强社会主义核心价值观的宣传、学习和引导，让其成为现代社会的主流价值观，这是青少年道德教育的根本任务。现实情况却不尽人意。本课题组对深圳市中小学和高中生的调查问卷结果显示：能够经常参加社会公益活动的学生分别为18.4%和7.6%，赞同学校集体募款扶贫的学生分别为70.4%和57.9%，同学有困难时愿意伸出援手的学生分别为85.7%和75.4%。对这几项价值观的认同，从中小学生到高中生呈现明显的逆走向，不能不令人忧虑：青少年的价值判断走向是否健康？

二是政治选择功利化。

通过对社会主义核心价值体系进行学习、理解和实践，大多数青少年的政治取向近几年由漠不关心转向积极参与，但也出现过于务实、追求功利的不良倾向：譬如遴选班干部、评优争先、入团入党等工作过去曾一度受到冷遇，如今却在学生（尤其是大学生）中成了香饽饽，甚至出现家长给老师送礼希望安排孩子当班干部的怪事。究其原因，部分家长、学生并非出于公益热心社会工作，而是看中其有利于今后出国留学、职场择业和仕途竞争的实际利益。当前，社会普遍存在一种世俗的成才观、评价观，认为孩子考上名校、出国深造、挣大钱、当高官就是出息了，可以光宗耀祖，荣归故里；反之，做一个普通劳动者，诚实劳动，平凡生活，往往说话气短，甚至被人看不起。这种现实在很大程度上左右了学生的政治取向。

三是重权利，轻义务。

当代青少年多是独生子女，有很强的优越感，有些人志向也很远大；但他们往往好高骛远，思想上过于自我，过分重视自身权利的保障，却又忽视义务的履行，影响了身心健康发展。由此，遇到一些实际问题，经常不能正确对待，导致学生之间、师生之间、家校之间关系紧张，甚至矛盾激化。校方无奈于家长的纠缠，往往息事宁人、赔礼认错了事，谓之"保护弱势群体"。在这种不健康的教育生态环境中，教师深感学生难教、教育难搞。为保障学生的安全、保护教师的合法权益和维持学校正常的教学秩序，只能牺牲一些存在隐患的教育活动，比如体育课的单双杠、鞍马之类的教学，运动会的长跑、投掷等项目的比赛，很多中小学已经难觅踪影，甚至连春游、远足、军训也少有组织。

第二，缺位的优秀传统文化。

中华文化血脉悠长，在长期发展的历史过程中形成了自己独有的文明风范和理论气质，锻造出自立于世界文化之林的核心价值体系。在中华传统文化中，作为主流的儒家思想无疑起到了骨干作用，而儒家伦理的内核"仁、义、礼、智、信"更是扮演着十分重要的角色。

千百年来，中国儒家文化的伦理思想在世界，尤其在东亚各国产生了广泛而深远的影响。

我们先看看日本近代道德教育的概况：1887年，日本启蒙思想家西村茂树发表《日本道德论》，提出要"采'二教'（儒学、西哲）之精粹而弃其粗杂"，由此作为"日本道德之基础"；1890年，明治天皇颁布《教育敕语》，再次明确宣示，儒学"乃我国体之精粹，而教育之渊源亦实在于此"。《教育敕语》被视为第二宪法，在日本当时具有很大的影响力，连私立学校、幼儿园都执行这个文件，写在金色的纸张上，卷成轴，置于黑匣之中。有的学校还建"奉安殿"，除悬挂天皇、皇后照片外，还将《教育敕语》放在那里，师生上学、放学时都要朝"奉安殿"方向行礼。每逢节日，还要举行《教育敕语》的"捧读式"。1983年11月，日本前首相中曾根康弘在一次讲话中明确强调，"日本要把民族主义、自由主义的思想和孔子的教导融合起来。"

新加坡政府认为，儒家的许多伦理观念仍适用于现代社会，在推行中也赋予它新的内涵。1982年，新加坡政府宣布在中学实施儒家伦理课程。1985年，《儒家伦理》教材正式出版，开始在全国各地通用。此外，新加坡还出版了一大批道德文明教育的通俗读物，如《道德教育文选》丛书，其中收入了中国古代"劝学""孔融让梨""愚公移山""大禹治水"等道德故事，并配有英文；1990年，新加坡还出版了一部英译《三字经》，并被联合国教科文组织选入《儿童道德》国际丛书。可以说，新加坡是世界上最早把儒家伦理撰写成课本，作为德育科目在学校教学，并取得了显著成效的国家之一。

儒家伦理的长期浸染和渗透，孕育出当今最具东方文化特色的韩国式学校德育。儒家伦理决定着韩国德育的方向、基本内容和德育的实践形成。在韩国德育中，儒家纲常伦理教育是人生最重要的课程，是安身立命的最高准则，也是借以走向世界，塑造民族气质的重要内容。韩国德育最突出的功能是保持和传递儒学思想，在家庭教育、幼儿教育中就灌输有关儒学的观念；从初中国民伦理课就开始系统讲授儒家伦理的"三纲五常"，强调忠孝等伦理和互相团结的精神。而儒学与社会实践相结合，促使韩国人在社会活动中实践儒家伦理，把儒学融入民族的潜意识中，化成民族集体性格和精神力量。韩国德育把儒家义理精神应用于民族主义之中，把伦理道德视为治世之宝典，把君臣父子观念作为修身养性之德铭，引导学生把道德修身与国家民族兴衰联系起来，力图把忠孝观与现代科技相结合，想培养能精忠报国的有文化的韩国人。

综观东亚儒家文化圈，犹如普罗米修斯取火，我们惊讶于儒家伦理之火照亮了人类文明昌盛之路，而我华夏子民却仍在中西文化交汇的浑沌中上下求索，摸着石头过河。其实，中国和一衣带水的日本之间，道德文化发展之路有很强的可比性：日本从1400年前派"遣唐使"开始学习、引进中国儒家文化，在明治维新时期随着封建制度的瓦解一度受到严重冲击，但政府很快认识到，要巩固新体制光靠西方的科技还不行，还要依靠儒家思想解决人心散乱的问题，由此制定出一系列复兴道德伦理的具体措施。二战结束后的美军占领时期，受到美国思想的熏陶，曾一度导致日本社会"拜金主义""金钱万能"等弊端思想泛滥。为此，日本政府强力推进改革，文部省再次重申了道德教育的目标。20世纪80年代后，日本又将原来"智、德、体"教育目标改为"德、智、体"，德育为先，树立典型的东方式教育。在进入21世纪之际，日本明确提出要建设一个道德大国，以进一步改变日本人的世界形象。对中国道德水平滑坡，有人归咎于十年"文革"，有人归咎于市场经济，其实根本原因是传统文化的缺失。过去的百年历史证明，道德文化是中华民族的灵魂，是民族精神的根。经济的发展不能以牺牲中华伦理为代价，文化、道德、精神都难以进口，更不能单向引进西方的价值观。现在中国的GDP已经雄踞世界第二，但中国成为世界强国了吗？面对美国"三片"（好莱坞大片、麦当劳薯片、英特尔芯片）为代表的西方文化的侵蚀，我们怎样才能建立"足以影响世界的思想体系"，值得每个中国人深思。

国家高层早已关注到这个问题：1985年，邓小平提出，我们的教育目标是培养有理想、有道德、有文化、有纪律的一代新人；2001年，中央颁发《公民道德建设实施纲要》；2004年，中共中央、国务院联合发出《关于进一步加强和改进未成年人思想道德建设的若干意见》；2012年，党的十八大报告明确提出加强社会主义核心价值体系建设，全面提高公民道德素质的战略任务。目前，大多数学者认为，中国传统文化的核心就是儒家伦理所提倡的"仁、义、礼、智、信"和"自强不息，厚德载物"的民族精神以及"富贵不能淫，贫贱不能移，威武不能屈"的浩然正气。他们一直呼吁要将传统文化的核心理念纳入中小学的教学内容。国家教育部前新闻发言人、现任语文出版社社长王旭明说："我一直秉持一种观点，我认为中华传统优秀文化必须走进课堂，必须落实在教材里头，必须体现在考试中。"综上所述，学校弘扬儒家文化、培养民族精神的一个重要途径，就是在赋予儒家经典时代内涵的基础上，让传统文化走进课堂，组织学生广泛开展经典阅读，为青少年将来做人、做事奠定坚实的道德基础。

第三，"假、大、空"式的应付差事。

可能许多教师都有体会，布置写一篇好人好事的作文，收上来一看，恐怕大多数同学或者写的是捡到了钱包交给警察叔叔，或者是上学路上搀扶老奶奶过马路之类。故事虚假，情节虚假，议论虚假！更有甚者，我们看到一篇初二学生的检讨书（下面原文照录，略有删节）是这样写的：

今天，阳光明媚，天气晴朗，海枯石烂。神圣的五班正在知识的海洋中遨游，而我，我居然在吃辣鱼仔，玷污了二（五）班的名誉，影响了同学们学习，在摧残祖国的花朵；我简直对不起父母，对不起老师，对不起人民，对不起列祖列宗，对不起党，对不起中华人民共和国……同学们可以监督我，我一定会好好学习，报答学校，报答社会，报答共产党，报答中国特色社会主义……最后还是万分感激一下老师，给我一个重新做人的机会，令我一堆烂泥变为祖国的花朵，祝同学们身体健康，老师工作如意。

政治性的语言、模式化的文风、虚伪的自责，这孩子怎么学成这般模样？

追根究源，这些不是孩子的错！当今的社会，不能再无视道德沦丧、诚信缺失、假冒伪劣、坑蒙拐骗、贪赃枉法继续肆意泛滥。如果这些问题渗透到社会生活的各个层面，我们的教育出现失败必然难以幸免。在应试教育的体制下，青少年的道德教育没有对社会乱象做出积极有效的回应，反而滑入"假、大、空"的泥沼，具体表现为：

在德育的指导思想上过于功利，曾经存在严重的幼儿教育政治化、成人化倾向，以致人们嘲讽我们的德育"小学讲共产主义，中学讲社会主义，大学讲行为规范教育"。不可否认，教育具有鲜明的政治属性，我国的教育必须为社会主义建设服务，必须服从国家的意志，但这是从整体导向而言，具体实施仍要遵从教育规律，从教育对象的心理特点出发，结合现实的社会生活。

教育工作的安排，很大程度上以应付上级检查为目的，在一些比较敏感的问题（比如课业负担、体罚学生、教育收费等）上，教师经常要以提示或指导的方式与学生统一口径。每逢搞公开教学，都要预演好几次，师生都备感无趣。甚至连课堂上哪些人发言，发言的内容、次序都要提前指定，还强调假戏真做，不能露馅。更出格的是，为了在上级组织的统考或检测中取得好名次，有的老师默许、暗示、怂恿学生作弊，有的干脆在考前调整座位，一个优生四周往往会安排几个差生，便于考试时"互相帮助"。

德育活动的内容也是包罗万象、五味杂陈，一些本该是高年级的活动尽量调到低年级进行，以免影响毕业班的教学。有些小学完全脱离学生生活实际，连税法、消防、禁毒、计划生育等内容也生搬硬套地塞进课程，无形中加重了学生的课业负担，还美其名曰"教育从娃娃抓起"，名副其实的"大人生病，小孩吃药"！

德育的方法陷入模式化、教条化怪圈，满足于给学生讲授空洞的大道理或道德规范，而忽视了作为德育主体的学生的体验、感悟、情感、态度；一些教师不懂"德育的诀窍不在说教而在感染"的道理，他们最常用的方法仍是空洞说教、批评、训斥、禁止、惩罚，因而使学生心理上产生反感、抵触情绪，其效果显然是低效甚至是负面的。

鉴于教学中的困惑，杭州市优秀语文教师郭初阳甚至发起一个由学者和一线教师组成的团队，对现行的"人教版""苏教版"和"北师大版"语文教材中的"母爱"内容进行专门审读，总结出语文课本的"四大缺失"：事实的缺失、经典的缺失、儿童视角的缺失和快乐的缺失。

而《收获》副编审、文学博士叶开关注到中小学语文教材
"假、大、空"的问题后，"为了让孩子读到世界上最好
的文字"，竟然仅凭一己之力为正在读小学的女儿单独编
写了一套"一个人的课本"。2009年还将他对中小学语
文教学的批判性研究，出版专著，毫不隐讳地命名曰《对抗
语文》。著名学者、北大中文系教授钱理群更是一针见血
地指出，中小学语文教材改革的方向就是摒弃"假、大、
空"。

传统文化是青少年成长的沃土

2014年9月24日，国家主席习近平在人民大会堂出席纪念孔子诞辰2565周年国际学术研讨会，并发表了重要讲话。他强调"不忘历史才能开辟未来，善于继承才能善于创新。只有坚持从历史走向未来，从延续民族文化血脉中开拓前进，我们才能做好今天的事业。"习近平主席一直在用他的言与行告诫现代中国人：中华传统文化是中华文明演化而汇集成的一种反映民族特质和风貌的民族文化，是民族历史上各种思想文化、观念形态之精粹的集合。中华传统文化历史悠久、内涵博大、特色鲜明，是世界道德文化源头之一。它带着自己独特的文化基因走向世界，并且在民族文化的薪火传递中不断演化、发展繁荣。

其一，中华文明，博大精深。

中华文明拥有五千年的辉煌历史。它历经沧桑、源远流长；百折不回、博大精深；兼容并蓄，和而不同。它是中华儿女战胜了一次又一次的自然灾害以及外来的侵略，完整保存下来的智慧结晶。

今天翻开这卷帙浩繁的史册，映入眼帘的依然是一系列光耀千古的名字：周公、孔子、孟子、老子、庄子、屈原、荀子、司马迁、李白、杜甫、韩愈、柳宗元、苏轼、欧阳修、张载、朱熹、程颢、程颐、陆九渊、王阳明、顾炎武、王夫之、龚自珍、严复、王国维、梁启超，以及张衡、张仲景、祖冲之、郦道元、孙思邈、沈括、李时珍、徐光启、宋应星、秦九韶……循着这些名字，我们看到他们传之后世的经典著述和发明创造，如《周易》《论语》《孟子》《大学》《中庸》《老子》《庄子》《史记》《孙子兵法》《黄庭经》《坛经》《本草纲目》《天工开物》《梦溪笔谈》和汉赋、唐诗、宋词、元曲、明清小说，以及指南针、火药、造纸术、活字印刷术等。

其二，中华传统文化百年断层，文化生态令人忧虑。

几代中国人对于中华文化的认识可以用三个"不"来概括：一是"看不到"。五四以来，中华传统文化遭遇封锁、禁锢、摒弃的厄运。几代中国人缺乏对于自己文化的认识与了解。二是"看不懂"。由于文言文学习的逐渐疏远，影响我们对于传统经典的阅读能力。三是"看不起"。现实情况就是中国人对于母语远不如西语、西学重视。

20世纪末，为了让中华民族文化薪火相传，赵朴初、叶至善、冰心、曹禺、启功、张志公、夏衍、陈荒煤、吴冷西等学者向第八届全国政协会议提交了《建立幼年古典学校的紧急呼吁》的议案。以焦急迫切的文字，为我们敲响了传统文化正处在存亡续绝关键时刻的警钟。《紧急呼吁》指出："我国文化之悠久及其在世界文化史上罕有其匹的连续性，形成一条从未枯竭、从未中断的长河。但时至今日，这条长河却在某些方面面临中断的危险。""构成我们民族文化的这一方面是我们的民族智慧、民族心灵的庞大载体，是我们民族生存、发展的根基，也是几千年来维护我民族屡经重大灾难而始终不解体的坚强纽带；如果不及时采取措施，任此文化遗产在下一代消失，我们将成为历史的罪人、民族的罪人。""以风烛之年，未敢忘继承民族的文化，希望在有生之年重听弦歌，到古典学校中去走走，看看后继之人。"

其三，童蒙养正、少年养志的几千年传统需要延续。

有学者评价说："中华民族在4000年有文字可考的历史中形成了足可引以自豪的优秀文化传统。这个文化传统的重心就是中华伦理道德文化，就是传统思想文化中突显的文明礼仪与道德精神。故中华素以'礼义之邦'著称于世。"优秀传统文化承载着中华民族丰富的道德伦理内涵，并在此基础上构建起一个针对幼儿、少年、青年、成人的道德伦理体系，支持着"幼儿养性、童蒙养正、少年养志、成人养德"的育人实践。其既具有丰厚的道德认知内涵，也体现出注重伦理养成的实践色彩。

儒家崇尚礼治，使明礼尚德成为重要的社会风范。儒家学说中道德学说占据着主导的地位，形成了涉及儿童道德启蒙、少年道德规范、成年道德完善、一生道德精神提升的教育系列。道家始祖老子以"道德"为教，穷毕生之精力撰写出唯一的传世之作《道德经》，成为中国德育思想史上的经典之作。《道德经》虽只五千言，却蕴含了十分丰富的德育思想：如道法自然、返璞归真、慈爱万物、崇俭抑奢、诚信不欺、清静无为。而在管仲看来，廉耻是立人之大节，盖不廉，则无所不取；不耻，则无所不为。人而如此，则祸乱败亡亦无所不至。

"正心、诚意、修身、齐家、治国、平天下。"这是知行合一、道德化人的道德思想体系。从孔子到孟子，到荀子，到现在的青少年，一脉相承地传递着"仁、义、礼、智、信"的理念，培育着"止于至善"的道德人格。

美国首位华裔市长、医学博士黄锦波曾向"中国人的教养"问题开炮："很多中国人受到过教育，但没有教养……有教养比拿到文凭更重要。""教养"需要自修自养。它不仅仅是知识的传输，而是人们普遍行动的落实。

北京大学国学院针对一些乡村民风淳厚、道德高尚的现象进行调研后认为，在中国传统社会里，人们通过践行乡规民约，学习道德伦理知识。学校道德教育也是如此，它不能只局限于知识的课堂，而需要走入生活、走入社会，通过贴近生活的事例与切身的感受体验，从根本上理解、接受并践行我们所推崇的道德价值。

当今世界是一个政治多极化、文化多元化、经济全球化的时代，是一个需要思想指引与道德养成，并向人民提供充分精神食粮的时代。中华传统文化中蕴含的道德伦理顺应了社会的发展与时代的进步，其丰富的内涵、经世致用的智慧、永不枯竭的生命力影响着世界文明迅速发展。

其四，和为贵、和而不同的伟大思想需要继承。

2500年前，孔子提倡的"和为贵""和而不同""仁者爱人""己所不欲，勿施于人"等，仍然是新时代、新社会发展前进之必需。英国哲学家罗素十分崇尚中华文明："中国人发现了如能被全世界人采用就会使整个世界幸福的人类生活方式，并为此进行了长达几个世纪的实践。我们欧洲人却不是这样。我们的生活方式是争夺、剥削、不稳定的变化、不满及强烈地寻求破坏。导致破坏的效率主义最终只能使人类灭亡。如果西方依旧蔑视东方而不能从那里学到哪怕很少的一点智慧，那么西方文明的行为趋向就只能是促使人类的彻底灭亡。"

后现代哲学家雅斯贝尔斯十分推崇老子，惊叹说："《老子》开明宗义第一句，意义深奥莫测：道可道，非常道，名可名，非常名。"他认为，"统治者若合于道，那么不仅国家，而且天地万物都将走上正途。"1988年，全世界75位诺贝尔奖获得者聚首法国巴黎，他们一起向全世界发出了一个共同的呼唤："人类如果要在21世纪继续生存下去，必须从2500年前的孔子那里汲取智慧。"由此可见，中华传统文化在世界人民心目中的地位。

其五，中华传统文化的现代价值需要发掘。

习近平主席认为，"中华五千多年的文明史，源远流长。我们是没有断流的文化。要建立制度自信、理论自信、道路自信，还有文化自信。文化自信是基础。""要通过学习树立对五千多年文明的自豪感，树立文化的自信、民族的自豪感。让中华文化渗透到中国人的骨髓里，成为中国人文化的DNA。"中华传统文化中蕴含着古圣先贤的思想智慧、博大胸怀、人生哲理，对于青少年的成长提供了丰富的精神营养，对于现代公民的伦理素养、人生智慧、精神价值、文化基础、道德信念、人格熏陶、习惯养成都有着不可估量的作用。

中华传统文化之所以五千多年文明没有断流，以下的核心元素起了关键作用。

1.仁爱、包容。 中国古人奉行"己所不欲，勿施于人""己欲立而立人，己欲达而达人"的做人准则。

2.和谐、诚信。 各民族之间消除隔阂，达到经济上的相互依存、互助吸引、依赖信任，形成凝聚力。

3.坚贞、义勇。 如"富贵不能淫，贫贱不能移，威武不能屈"的操守；"宁为玉碎，不为瓦全"的风骨；"先天下之忧而忧，后天下之乐而乐""位卑未敢忘忧国"的献身精神。

4.天人合一。 尊重生命，以人为本，保护环境。如"敬天顺道，无为而治""无为而无不为"的智慧。

2014年，著名作家王蒙发表题为"传统文化与核心价值"的演讲。他认为，一个民族的文化包含了价值观、目标和民族的精神走向。近200年来，有几千年历史的中国传统文化历经了巨大的考验，在经受了激烈的冲击、痛苦、分裂和挣扎之后，传统文化依然活在每一个中国人心中。传统文化并不是留在国家的典籍里、文物中，它就扎根在人们的心里。

世道可兴、传统可取。我们要引导青少年认知中华传统文化，发掘内在道德内涵，正是当代教育者的责任。中共十八大报告中强调："建设优秀传统文化体系，弘扬中华优秀传统文化。"党中央把中华优秀传统文化作为一种先进文化，摆在推进社会主义文化强国建设的总体战略布局中，并且提出了"建设优秀传统文化传承体系"的要求。中国人民在实现中国梦的伟大进程中，将根据时代的要求推动中华文明创造性转化和创造性发展，激活中华传统文化的旺盛生命力。

2014年9月24日，国家主席习近平出席"纪念孔子诞辰"的文化活动，表明了中华传统文化正在走向回归。

我们正处于信息时代，各种思想、文化相互激荡，有一些青少年盲目崇拜西方，关注个人的物质利益和享受，理想信念缺失，伦理道德滑坡，爱国情操淡化，背弃传统文化。转型期青少年的道德养成已成为急需突破的重大问题。

"培养什么人，怎样培养人"是教育的根本问题和永恒主题。要成才，先成人。十八大报告首次把立德树人作为教育的根本任务，是对十七大报告"坚持育人为本，德育为先"的深化，指明了今后教育改革发展的方向。立德树人，即教育事业不仅要传授知识，培养能力，还要把社会核心价值体系融入国民教育体系之中，引导学生树立正确的人生价值理念。

"立德树人"强调的是教育以树人为本，树人以立德为先，"德"不可能自然形成而需要"立"，"人"不可能自发成才而需要"树"。"立德"是为了"树人"，而"树人"首先要"立德"。当今的重点是要落实"立四德，三树人"。

所谓"立四德"：即一立政治品德，就是培育当代学生具有坚定的理想信念、宗旨观念、价值观念、忠于党、忠于国家和人民，自觉投身于中国特色社会主义伟大事业。二立社会公德，就是培育当代学生遵纪守法，遵守秩序，节约资源，爱护环境，扶贫济困，乐于助人。三立职业道德，就是培育当代学生爱岗敬业，好学上进，诚实守信，办事公道，甘于奉献，服务社会，养成精益求精、追求卓越、善谋实干的职业精神，形成正确的劳动观和职业观，养成吃苦耐劳、慎独自律、甘于奉献的良好品格。四立生活美德，就是培养当代学生知恩图报、孝老爱亲、谦虚友爱、明理包容、热爱生活、勤俭持家、随遇而安、知足常乐。

所谓"三树人"：一树人的社会责任感；二树人的创新精神；三树人的实践能力。

中华文化传统的流长，学校和教师作用巨大。立德树人，必以师德为范；学高为师，必以身正为范。《管子》言："一年之计，莫如树谷；十年之计，莫如树木；终身之计，莫如树人。"教师肩负着为人师表、教书育人的重任。各级教育行政部门和学校校长，需积极组织引导教师对传统师德文化的学习，不断提高师德素养。

倡导培养健全人格

心理学认为，人格是指个体在先天遗传和后天环境的交互作用下，逐步形成的独特和稳定的心理状态的总称。而人格教育则是塑造健康人格的教育，健康人格是人的人生观、价值观、世界观形成的稳定的心理基础，是个体身心顺利发展的重要保证。科技越发达进步，社会对个体的人格要求也就越高。青少年正处在人格发展的塑造和形成期，学校重视和开展人格教育具有极其重要的意义。

从欧美教育产生的那一天起，人格教育就是其关注的焦点之一。美国著名教育家杜威以及20世纪早期其他有影响的哲学家和教育家都将人格教育作为学校"天职的核心"，杜威则率先提出了"完整人格"的教育思想，为美国早期资本主义教育的健康发展奠定了基础。"西学东渐"的背景之下，我国一批爱国主义的教育家也认识到封建科举制度对人性的摧残和人格的扭曲，力图通过推行国民的人格教育，达到国家整体救亡图存之目的。

近代著名教育思想家、时任国民教育总长的蔡元培首倡"完全人格"教育思想，明确提出"教育，乃养成人格之事业"的培养目标。1912年5月，蔡元培在国民参议院发表演说，正式提出健全人格之培养目标，"普通教育要顺应形势，养成国民健全之人格，专门教育务养成学问神圣之风气"。同年7月，蔡元培在国民临时教育会议上明确提出"德智体美"四育的教育主张。1917年7月，蔡元培进一步指出，"完全人格，首在体育，次在智育，德育实为完全人格之本"。1928年5月，蔡元培在国民教育会议上，又将"四育"发展成"德、智、体、美、劳"五育并举的教育思想。由此可见，中国人格教育的鼻祖蔡元培的教育思想，不仅传承了中华民族几千年来的教育精粹（"仁、义、礼、智、信""内圣外王"等共性特点），而且具有近代西方文艺复兴以来的人文主义色彩，闪耀着"科学""民主""自由""平等""博爱"的人性光辉。

民国时期，蔡元培的教育思想和实践为科技进步与社会发展培养了大批栋梁之材，在中国教育史上留下了灿烂的一页，以致近一个世纪之后躺在病榻上的科学泰斗钱学森仍在感怀"师大附中的学习是他人生的一个高潮"。他感慨"这么多年培养的学生，还没有哪一个能与民国时期培养的大师相比"。而钱老的母校——北师大附中校长也撰文极力倡导人格教育，"很多与钱老同时在师大附中读书的同学，后来也成为国家的栋梁，仅中国科学院、中国工程院院士就有十几位。在短短的几年内，在只有几十亩占地的校园里有这样一大批杰出的人才涌现，证明了全人格教育的成功"。

百年中国社会的动荡冲击了教育，更中断了杜威、蔡元培等先哲人格教育思想的传承。时代发展到21世纪，科技进步，经济繁荣，中国的国力空前强盛，但青少年的人格缺陷却逐步演变为一个严重的社会问题。道德教育虚化而升学压力加剧的逼迫之下，导致部分学生人格分裂与畸形，主要表现为厌学、脆弱、焦虑、自私、虚荣、嫉妒、狂妄、冷漠、自我中心、内心孤僻、报复心强等不良心理。他们一旦遭遇挫折或失败，就会在日常行为中产生或多或少的失常表现：在市场经济大潮中，有些学生逐步形成自我中心的价值观念，学习动机趋于个人主义；一些学生在道德行为方面存在某些缺陷，不讲社会公德，吸烟、酗酒、聚众斗殴、沉溺娱乐场所等现象屡见不鲜；有的甚至发展到逃课、辍学、结伴出走、厌世自杀，滑向违法犯罪的深渊。

中小学人格教育的疲软成为高等学校悲剧性极端事件频发的重要根源。这些年，我国社会的"天之骄子"——大学生群体非正常死亡数量也在不断攀升，目前媒体公认的数字达每年3000例以上，而其中绝大多数皆因学业压力、婚恋困惑、人际关系紧张导致自杀或他杀。从个案上看，从20世纪90年代起有中国赴美留学生卢刚枪杀导师案、清华学生朱令铊中毒案、云南大学马加爵锤杀学友案、河北大学李某交通肇事案、西安音乐学院药家鑫故意杀人案、复旦大学研究生林森浩投毒案等。

　　每一案例均可追溯到肇事者典型的人格分裂与畸形心理。让人汗颜的是复旦林森浩事件后，国内某著名大学校园出现"感谢室友四年不杀之恩"的横幅标语，这样的黑色幽默发生在21世纪的中国校园让人情何以堪？尤为令人担忧的是这类事件发生的频率愈来愈高，牵涉面也愈来愈广，目前已出现向下延伸到中小学生群体的情况。从这个角度上讲，重视和实施青少年人格教育已成为我国基础教育领域一项具有战略意义的新的"希望工程"。

　　在实施这个"希望工程"的时候，我们要关注到中小学生与大学生不同的生理和心理特点，在教育过程中稍有疏忽就会酿成不良后果。青少年时期是人生的"起步"阶段，其心理发育、思想意识、人格素养正处于形成的过程中，他们思想单纯、思维敏捷、好奇心强、勇于探索，人格的发展潜力和可塑性极大。但由于年龄和阅历的限制，他们身上也存在情绪易于波动，意志较为脆弱，认知往往"扭曲"，思想容易消沉，极易受到外界的干扰和影响等弱点。在校学习期间，他们又面临着理想和现实、生理超前发育和心理相对滞后、升学压力增大、课业负担过重等矛盾。如果缺乏具有针对性的人格教育，这些人格弱点就会逐步"放大"，甚至导致错误的人生走向，造成无可挽回的教育悲剧。

在学生成长的黄金时期，学校和教师对学生健全人格的塑造起着无可替代的关键作用。但应试教育体制下的现实似乎不是那么美好，许多影视文学作品在这方面都有反映。台湾著名作家三毛曾在自传体小说《背影》中回顾：因为数学成绩不好，怕父母伤心，她曾将数学习题一道一道死背下来，因而有几次数学小考得了满分。但数学老师怀疑她考试作弊，便单独给她一张考卷，使她当场考了零分。一怒之下，老师用墨汁在她的眼眶四周涂了两个大圆饼，并让她在班级及走廊上展示。三毛这样描写自己当时的心境："有好一阵，我一直想杀这个老师。""我看一下校门，心里叹着：这个地方，不是我的，走吧！"这一走，便成了三毛学生时代的结束。

著名作家叶倾城在日记《岁月背后的记忆》中，更是回首了14岁那年与死神擦肩而过的不堪经历和内心的累累伤痕：当年的她，与好友岳湘在欢迎某国领导人来访，在风雨交加的桥上列队等候因为实在冻得受不了，便一起悄悄地溜回了学校。结果，班主任发现后责令她们每人当着全班同学的面喊自己的名字100遍，第二天还要在全班做检讨。

面对如此窘境，孤立无援的少女该怎么办呢？作者这样写道："死，对，去死吧，死了就不用去上课，老师也不能逼我做检讨了，也不用怕同学们讥笑我了。我用枕巾胡乱地揩着泪，怎么个死法呢？割腕？太疼了。吃安眠药，家里有吗？卧轨？我仿佛看见，火车压过我的身体，把我碾得粉碎，血肉横飞……"

最终，她没有去实施自己的想法，因为，她的朋友岳湘已经在她之前，将自己定格在了那个青春时光。而活着的"我"也为此多年不能从那巨大的心理阴影中走出来。

现在，离三毛、叶倾城的少年时代已经很遥远了，但让人担忧的是，过了这么多年，"生与死"的挣扎依然在考验着孩子们。不绝于耳的学生自杀的新闻，像一颗颗尖锐的砂石在折磨着人们的神经，迫使人们去思索是什么让这些孩子的生命之花尚未绽放便已凋零？这一次次的思考让我们明白，悲剧的屡屡上演不单单是因为孩子们心理承受能力弱或是对生命的漠视，更重要的是教育出了偏差——它过度地指向文化教育而忽略了人格教育，作为"人类灵魂的工程师"——教师群体也要反思：教育思想是否到位，教育行为是否人性、科学和规范？

不可忽视的意志教育

1993年，一篇名为《夏令营的较量》的报告文学震惊了基础教育界：一群中日少年参加在内蒙古草原组织的探险夏令营活动，曝露了中国孩子生存意识、实践能力、意志品格等方面的弱点。而在文章发表的同一年，应邀来华访问的美国中学生代表团在成都通过《中外少年》杂志也向中国学生再次发出了挑战："在下个世纪，我们将会是竞争对手，小心你们会输给我们！"如今，20年已经过去，如果中、美、日三国青少年再次同场竞技，那么中国会是赢家吗？答案显然是不乐观的，正如国家民委原副主任吴仕民在2013年春天的全国两会上讨论时不无忧虑的发言，"80后、90后这几代独生子女，不仅精神上缺乏关爱、感恩等道德潜质，还缺乏抵御挫败的精神韧性"。显然，青少年意志品格教育的问题已经凸显在我们面前。

意志是人的主观能动性的集中表现，是为实现一定的目的并根据这个目的支配、调节自己活动的心理状态或心理过程。积极的意志品质包括意志的自觉性、果断性、自制性、坚韧性和独立性。

谈到意志的独立性，我们眼前不禁浮现出一个个充满依赖性的"小皇帝"和"小公主"，他们一生下来就一切事情都由家长包办代替，依赖感越来越强，缺少独立生活、处事的能力和习惯，意志的独立性也得不到很好的发展。当他们步入校门，面对要独立完成的学业和工作任务时，常常会感到无助，逐渐产生了厌恶学习、学校的情绪，严重的会发展到辍学出走。如果教师不积极正确地引导，这种消极的意志品质就会成为他们人生成长道路上的绊脚石。

当今社会，独生子女生活在较为优越的条件下，如果家长一味地悉心呵护，他们容易产生利己主义、享乐主义思想，可能使他们失去坚韧的意志。其主要表现为：遇到稍复杂的问题时就嫌麻烦，做起事来没耐性、没长性，随便应付了事；遇到困难和突发事件时优柔寡断、懒于动脑；不能自己支配自己，没有战胜困难的决心，缺乏持之以恒的精神，缺少主动挑战困难、承受困难和挫折的能力。因此，在学习任务的重压下，许多学生几经挣扎后还是选择了放弃学业，暂求眼前的轻松和一时之享乐。

另外，中小学生意志的自觉性和自制性也较薄弱。学生们每天的学习任务几乎很少是学生自觉来完成的，也很少是自己设定的学习内容，而大多是在老师和家长的主导下不得不接受的学习任务。更有甚者，一些学生每天早上急匆匆赶到课室，第一件事就是把其他学生的作业拿来照葫芦画瓢，应付了事。设想一下，如果老师每天不检查作业，家长也不督促，又有多少学生能主动地完成作业呢？即使完成了作业又有多少学生能自觉、主动地学习其他内容呢？学生已经习惯在老师和家长的指挥棒下学习。其实许多学生有自觉学习的意识，可是他们缺少意志的自制性，享乐主义在心里已占了上风，在享乐与勤奋的抉择中自己不能支配、控制自己，更不能自觉要求自己做好该做的事情，结果有许多学生在父母面前以学习为名，装模作样、嬉戏玩耍，虚度了大好时光。

以上谈的是表象，那么，透过现实，当代青少年的意志品质的发展具有哪些基本规律呢？

一是青少年的意志品质没跟上，不是真的"长大成人"。

社会的进步、物质生活的丰裕，尤其是文化的多元和移动互联网的普及，在很大程度上促进了当代青少年体格的发展和心智的成熟。我国著名心理学家林崇德教授说："如果以20世纪90年代和60年代研究指标相比，我国青少年的平均身高提高2.1厘米，男女青少年性成熟的平均年龄提前了近两岁，而且脑电波α波的发展也明显超过60年代的水平。就平均频率而言，90年代6岁被试α波的平均频率就达到了60年代10岁被试的发展水平，9~10岁的被试则达到了12~13岁被试的发展水平。"如今时代已进入21世纪，可以想见，青少年体能的发展、认知的发展远超他们的父辈。可是，日常生活中我们却常常听到父辈对子女的唠叨："当年我像你这么大的时候，都可以烧火做饭、操持家务了。""我从小就下田种地、上山砍柴了。"言下之意，现在的孩子太不懂事了！

其实，许多家长陷入了一个误区：人的成长，应该体现在身体的发展、认知的发展和社会性发展3个方面。应试教育体制下，人们往往忽视了孩子的社会性发展，即健康心理、健全人格以及对社会的认知和适应等问题。心理学家认为，心理健康包括智力正常、情绪乐观与自控、意志健全、反应适度、自我意识明确、人际关系和谐、适应社会生活7个方面，其中与"意志"密切相关的因素占一半以上。由此可见，意志坚强是心理健康的重要标志，意志教育与心理健康教育、素质教育密不可分。

现在的青少年（尤其是城市青少年）大都是独生子女，课外生活基本与游戏、动漫、电视、电脑和手机为伴，在家过着"饭来张口，衣来伸手"的优裕生活，这种生活方式与父辈当年的成长环境不可同日而语。当代青少年身体发育早，知识面广，人们往往误以为他们已经"长大成人"。殊不知，其生理的成熟与心理的发育存在明显的反差，温室中培育的花朵普遍缺乏应有的意志品质：即忍耐心、坚韧性和抗挫力。

　　二是青少年行动的动机目的，随年龄增长更富有自觉性。

　　当代中学生行动动机的目的性与小学生相比会有明显的不同：

　　首先，行动的动机已由被动性向主动性发展。心理学的研究表明，从小学高年级开始，学生已逐渐学会依照自己的愿望和意图采取有目的的行动，但是，这时还需要由成人的言语指令来调节，而初中生在向自己提出行动的动机目的时，更富有自觉性。尽管他们在行动之前，表面上看来好像没有深思熟虑的样子，但实际上他们的确已经考虑过诸如"我将要做什么"和"我为什么这样做"等问题。这说明他们根据自己的目的而做出决定的自觉性水平的确提高了。

　　其次，中学生行动的动机具有一定的深刻性和社会性。有一部分初中生甚至有把学习与个人未来的生活道路、职业选择联系起来的动机、目的或思想倾向。这说明到了初中阶段，随着学生自我意识的发展，逐渐形成了一定的价值观，促使他们行动动机的深刻性和社会性不断发展。

　　第三，中学生行动的动机由动摇逐渐趋向稳定。初中生动机目的的稳定性比小学生有明显的增强。但由于初中生缺乏远大而正确的主导动机，因而他们意志行动的动机又比高中生容易动摇。

通过对辍学青少年的调研和宏观统计，可以发现这样一个规律：小学生辍学往往是临时性的个体逃课行为，在校外逛荡、游戏厅消遣一两天后大多会感到后怕，能主动返校回家者居多；初中生的出走则往往是三五天以上的有策划、有预谋的结伴行动，离开居住地区的远途流浪较常见，其中往往伴有教唆者的不良诱惑甚至犯罪意图，孩子很可能就此误入歧途；而高中生的辍学却往往与困顿的家庭经济、枯燥乏味的学习生活以及对前途感到无望、迷茫有关，他们大多从此成为无业游民，或者步入打工者的行列。

三是青少年采取行动决定和执行决定的成熟性正在逐步增强。

中学生行动的成熟性已经得到明显发展，表现出以下特点：

首先，采取行动决定和执行决定的速度由快而慢。中学生在行动之前比较注意思考，因此动机的冲突也多了。他们在采取行动决定时，不论确立目的还是选择方法，都能较多地进行反复比较。采取决定之后，有时还要考虑"是否马上执行"，对行动的后果也能进行一定的预测。这样，初中学生在采取行动决定和执行决定的速度方面要比小学生显得较为拖延。

其次，克服困难，坚持完成任务的毅力由弱而强。初中生由于知识经验和技能都比小学生丰富，在对待困难与完成任务时，有较多的应变办法，也能较专心地把已经开始的工作进行到底。尽管初中生排除困难的灵活性还比较差，当第一动机的任务遇到困难时，他们往往不是做出意志努力加以排除，而是调整动机，由第二个或第三个动机来代替。

第三，意志行动的模仿性由无意向有意发展。初中生随着年龄增长和视野扩展，模仿的对象也发生着变化。他们不再拘泥于学校教育中的英模和先进人物的品德、作风、习惯、情操等优秀品质，更多的是模仿社会风行、内心崇拜的影视文体明星、商界大腕，甚至黑社会大佬。由于青少年的意志独立性尚未完全成熟，他们对各种行为的模仿仍然普遍缺乏客观正确的价值判断和深思熟虑的思考。

培养学生的创新素质

2005年，国务院总理温家宝在医院探望著名科学家钱学森时，躺在病榻上的钱老感慨地说，我们国家"这么多年培养的学生还没有哪一个的学术成就能够跟民国时期培养的大师相比。"钱老又发问，"为什么我们的学校总是培养不出杰出的人才？""钱学森之问"，这是关乎中国教育事业改革与发展的一道艰深命题，需要整个教育界乃至社会各界共同研究破解。

什么是杰出人才，钱老进一步解释"我想说的不是一般人才培养问题，而是科技创新人才的培养。想到中国的长远发展，最忧虑的就是这一点。"我们不妨回溯世界科技史：公元6～17世纪初，在世界重大科技成果中，中国所占比例一直在一半以上，而到19世纪，则剧降为0.4％。虽然古代中国有"四大发明"，但近现代200年以内世界的重大科技发明，比如电灯、电话、电视、电脑、收音机、录音机、录像机、火车、汽车、飞机等重大发明均与中国无缘。原因何在？追根求源，除了社会动荡成为祸根之外，另一根源是中国教育，尤其是基础教育出了问题，而后果之一则是创新人才和创新能力的严重缺乏。据2010年1月15日《参考消息》披露：2009年教育发展国际评估组织对全球21个国家进行的调查结果，中国孩子的计算能力排名第一，而想象力排名倒数第一，创造力排名倒数第五。结论是，美国是世界上创新能力最强的国家，而中国只是世界上模仿能力最强的国家。

现在，我国的经济、军事实力均让世人瞩目，何以科技创新能力跟不上？央视前著名主持人崔永元撰写的《可怕的中国式教育：聪明伶俐进去，呆若木鸡出来》一文引人深省，不妨摘录一些如下：

我侄子在京城一所重点小学读书，一次不经意间翻看了他的两张试卷，不禁莫名惊诧。语文试卷有一个填空题：

一个春天的夜晚，一个久别家乡的人，望着皎洁的月光不禁思念起了故乡，于是吟起了一首诗：（　），（　）？

我看到侄子答的是：举头望明月，低头思故乡。但后面一个大大的"×"，我就奇怪了，我也是想到的这两句，便好奇地问侄子，"这个不对，那答案是什么？"侄子说，标准答案是："春风又绿江南岸，明月何时照我还？"唉，这就奇怪了，因为是个春天的夜晚，就要是这句有春风的？要这个思念故乡的人不是江南的，是不可能说出"春风又绿江南岸"这句诗的！"举头望明月，低头思故乡"应该更准确。再扯远点，思念故乡，一千个人可以吟一千句不一样的诗，这个也可以有标准答案的么？

还有个题目：

《匆匆》这篇课文，是现代著名作家朱自清先生写的，同学们都很喜欢这篇散文，你能把自己最喜欢，印象最深刻的一句写下来吗？

我侄子写的是：我的日子滴在时间的流里，没有声音，也没有影子。后面一个好大的"×"，标准答案竟然是："但是，聪明的，你告诉我，我们的日子为什么一去不复返呢？"我就更奇怪了，一篇文章，你可以喜欢这句，我可以喜欢那句，难道最喜欢的一句话也要统一么？

再看数学试卷，更莫名其妙了，比如请说出阿拉伯数字的来历，是哪个国家创造的？侄子不知道，问我，也不知道，我只好上网去搜一下，才知道是古印度人发明的。

最后有个题目让我彻底崩溃了：请用一句话说明 π 的含义。侄子回答 π 的含义是圆周率，竟然打的是"×"。这就奇怪了，正好我老婆大学读的是理科，我马上问她，π 是什么意思，她说是圆周率啊，两个人狂汗，问了侄子半天，标准答案大概是"π 是一个在数学及物理学领域普遍存在的数学常数"。

显然，崔永元抨击的问题在某种程度上是具有普遍性的，在中西部欠发达地区尤为如此。其实质是应试教育的痼疾：僵化了学生的个性，限制了学生的思维，用所谓的

"标准答案"将学生的想象力、创造力完全抹杀了，而这正是回答"钱学森之问"的精髓所在。

世纪之交，作为素质教育重要内容的创新教育已愈来愈成为人们关注的热点。所谓创新教育，就是以培养人的创新精神和实践能力为基本价值取向，以培养创造型人才为主要目标的教育。它的提出，不仅是弘扬人的创新本性的需要，也是深化教育改革、全面推进素质教育的必然要求，体现了知识经济崛起的现代社会对创新型人才的呼唤。它不仅仅是教育方法的改革和教育内容的更新，而是教育功能的重新定位，是带有全面性、结构性的教育革新和教育发展的价值追求。

创新教育的内容主要包含创新精神、创新能力和创新人格三个方面：

创新精神，主要包括有好奇心、怀疑精神、探究兴趣、求知欲；对新异事物的敏感，对真知的执着追求；对发现、发明、革新、开拓、进取的百折不挠的精神，这是一个人创新的灵魂与动力。

创新能力，主要包括创造思维能力，创造想象能力，创造性的计划、组织与实施某种活动的能力，这是创新的本质力量之所在。

创新人格，主要包括创新责任感、使命感、事业心、执着的爱、顽强的意志、毅力，能经受挫折、失败的良好心态，以及坚韧顽强的性格，这是坚持创新、做出成果的根本保障。

纵观提出创新教育十余年来，我国基础教育领域在观念和实践方面还普遍存在若干误区：

误区之一：创新教育就是创造教育。

"创造教育"提出已有好多年，从国际上看，"创造教育"的研究已有近百年历史，其中著名的有美国心理学家吉尔福特的关于创造性的著名演讲和由此带来的研究热潮。在国内，陶行知在20世纪20年代就提出了"创造教育"的主张。应该说，国内外不同时期"创造教育"的倡导者都是站在那个时代的前沿，用较先进的教育思想提出来的，并取得一定的成绩，推动了当时的教育改革和发展，功不可没。但毕竟与提出"创新教育"的当今时代不相同。

我们面临新的时代，有特定的时代特征：一是这个时代以信息技术为标志的科技进步日新月异；二是知识经济时代已经到来；三是综合国力显著增强与国际竞争更加激烈。能否迎接未来知识经济的挑战，把握国际竞争的主动权，关键在于培养出大批具有知识创新和技术创新的人才。"创造教育"在实施过程中更多侧重在操作层面上，如动脑、动口、动手，搞小发明、小制作。这些对于"创新教育"也是需要的，也应予以重视，然而仅有这些还不能真正地培养出创新人才。

　　"创新教育"研究的重点是：为了培养适应未来需要的创新型人才，必须营造和培育适应这种人才成长的"土壤"及良好环境。因此，必须抓住相关问题综合进行教育改革，既包括操作层面上的内容，更强调变革人们的思想观念、行为方式与习惯。这些将涉及教育的一系列理论问题和实践问题。

　　误区之二：创新教育就是"小发明、小创造"。

　　谈到创新教育，一些中小学领导和教师自然与学生的"小发明、小创造"相联系，认为学生的"小发明、小创造"多的学校，创新教育就有成就，否则就没有成绩。因此，就有学校提出"小发明、小创造"的指标，师生想方设法为此努力。我们的一些媒体和行政官员也将"小发明、小创造"多的学校作为创新教育的典型广为宣传。所有这些促使一些中小学教育工作者对创新教育产生了误解：创新教育就是"小发明、小创造"。

　　误区之三：创新教育就是培养学生的创新思维（也有称创造性思维），而创新思维就是发散思维。

　　前面已述，创新教育的任务就是培养学生的创新素质。而创新是一种综合素质，有关专家认为它主要由三方面要素构成：一是创新人格；二是创新思维；三是创新技能。对中小学生来说，三要素中最关键、最主要的是创新人格，其次是创新思维，最后才是创新技能。由此可见，创新教育的任务就是培养学生的创新人格、创新思维和创新技能，而不仅仅是创新思维。

误区之四：创新教育只是针对少数天才学生而言。

我国近代著名教育家陶行知曾经指出，创造是儿童的天性，而我们的教育在某些情况下非但没有使这种自然本性得到发展，反而压制了儿童创造的欲望和冲动。

创新教育要求我们以欣赏的眼光看待学生，使每个儿童的潜能都能得到发挥。教育者应坚信每个学生都是可以造就的，尤其是不可低估"后进生"的创造潜能。可以肯定地讲，每一个学生都是一片有待开发或进一步开垦的处女地，教育者应视之为宝贵的教育资源和财富，加以挖掘和利用，通过创新教育，把学生本就存在的多种潜能变成现实。一谈到"创新"，人们很自然就会与爱因斯坦、比尔·盖茨等天才联系起来，似乎创新对一般学生来说是望尘莫及的事。事实上，人与人在智商差异上没有不可逾越的鸿沟，绝大多数人先天的条件是相似的。在实践中，教育者应坚信，所有学生的创造潜能同样深厚，在"创新"

面前，没有后进生与尖子生的差别。关键在于你怎样去开采挖掘，教师在教学中要善待每一位学生，努力开发每一位学生的创造潜能。

误区之五：创新教育只是自然科学的事。

许多人认为创新就是科学发现、技术发明，只有科学教育才能培养人的创新精神与能力。实际上，不仅自然科学需要创新，社会科学与人文科学同样需要创新，特别是在科学技术的负效应日益显现的今天，科技创新与人文创新更应平衡发展，使未来社会既是高智力的，又是高情感的。不仅如此，即使自然科学创新也离不开社会科学和人文思维方式的支持。

众所周知，目前我国互联网巨头阿里巴巴和百度的掌门人马云、李彦宏均是文科背景。马云曾是杭州师院的英语教师，除了打字，他至今不懂网络技术；而李彦宏则是复旦大学中文系毕业，"百度"之名取自读书期间在学生浴室冲凉时经常吟唱"众里寻他千百度"的歌词。又譬如，著名的大型报告文学《哥德巴赫猜想》（作者：徐迟）就是我国改革开放新时期第一部文学叙事与数学研究完美结合的经典之作，正是里面充满人性和激情的美好文字吹响了向科学进军的号角。由此可知，创新教育具有全域性，面向每一门学科，不仅是应该的，也是可能的。

误区之六：创新教育只是课外活动的事。

有一些教师认为，课堂教学的任务就是传授知识，发展知识是课外活动的事。实际上，这种区分是人为地割裂了传承与创新之间的内在联系。创新教育是整个教育模式、教育制度和教育观念的全局性改革，并不是局部的修改和增删，它应贯穿于课堂教学、课外活动和日常生活的方方面面，成为全部现代教育的精神特质，局部性的教育创新不可能是真正意义上的创新教育。其中，课堂教学是创新教育的主渠道，也是学校教育改革的着重点。所以，创新教育还具有全面性，是教育系统的整体性改革。

每一种新思想的提出，都是对过去思想的扬弃。知识经济时代的创新教育就是对传统教育的扬弃。法国教育家斯普郎格说："教育决非单纯的文化传递，教育之为教育，正因为它会对'唤醒'一个人格心灵，这是教育的核心所在。"培养学生的创新精神，更新学生的创新观念，塑造他们的创造才能通过教育的作用唤醒学生沉睡的心灵。

贯彻创新教育的原则就是要实施教育创新，具体实践中应关注如下几个方面：

第一，赋予学生真正的平等地位。只有在平等的条件下，学生才敢质疑教师的权威，提出富有创新意义的观点，锻炼自己的创新能力。

第二，**改革学校的教育教学管理体系**。传统的管理方法的特色在于"管"，目的在于培养学生服从的个性。创新教育则要求解放学生的个性，实行开放式的管理，形成宽松、和谐的氛围以利于创新人才的脱颖而出。

第三，**改革传统的课程设计**。为迎接世界知识综合化的趋势，培养本国创新人才，国外中小学课程的设计注重培养学生独立活动能力和创造能力，实行必修课与选修课结合、知识性课程与综合性课程结合，注重课程的生活化气息，课程的开设尤其关注学生的个体差异并向微型化方向发展。我国中小学基础课程的开设是以知识为单一定向的，注重学科知识的逻辑性，但综合化程度不高。改革这种课程设计不仅要在内容上强调课程的综合性，而且在结构上要增加与生活相关的课程和一些创造学方面的课程。

第四，**改进教师的教育观念、教学方法和手段**。首先，要改变教师知识定位的思想，从教学生学会知识转变到教学生学会判断、学会选择和学会生存；其次，运用现代教育技术，创造适宜的教学情景，调动学生积极参与，自主学习，自主体验，帮助学生形成主体精神和意识，形成创新能力。

第五，**改革教育评价系统，形成评价标准和评价手段的多元化，以利于具有各种素质的人才的成长与发展。**

"六大解放"仍然具有现实意义。陶行知在《创造的儿童教育》中提出了实行儿童创造力"六大解放"的主张。一是解放儿童的头脑，即应该更新学生的观念；二是解放儿童的双手，即应该培养学生的动手能力和提供学生实际锻炼的机会；三是解放儿童的嘴，即应该允许学生提问和质疑，提问是学生创意思维的源泉；四是解放儿童的空间，即不要将儿童局限在课堂中，而要充分利用学校、社会和其他教育机构的教育设施提供学生丰富多彩的生活，让儿童在自由的空间里掌握知识；五是解放儿童的时间，儿童大多数时间用在应付教师的作业和考试上，学生缺乏思考的时间，减轻学生的负担就是将学生从无效的时间中解脱出来，有充裕的时间思考问题，发挥他的创造力；六是解放儿童的眼睛，即培养学生的观察力，教师要充分运用现代化教育技术，结合直观教学原则，一步步培养学生良好的观察能力。

陶先生的创造教育的观点是对传统教育的呐喊，也是对今天创新教育的要求。

第三章
青少年成长的道德取向

改革开放以来，我国在政治、经济、科学技术、文化教育等方面取得了突飞猛进的长足发展，世人瞩目。但是随着市场经济社会的到来，道德领域却发生了令人心忧的倒退现象，以致引起了整个社会"经济发展、道德滑坡"的忧虑。尤其是未成年人的道德滑坡现象更为严重，不得不令人警醒。

未成年人是祖国的未来、民族的希望。作为社会中的一类特殊群体，其成长过程尤其是思想道德的养成，直接关系到社会主义事业建设者和接班人的质量。缺乏过硬的思想道德素质，没有优良的人格品质，难以继承大业。

崇尚自我与价值取向问题

我国自1979年实行"提倡一对夫妇只生一个孩子"的政策以后，独生子女就作为一个特殊的群体出现在我国社会生活中。因而当今未成年人在很大程度上指社会转型期的青少年独生子女。

他们身上，不仅有一般未成年人所具有的身心特点，而且受时代影响，还具有鲜明的时代特征。一是竞争意识不断强化，心理承受能力相对弱化；二是自我意识持续强化，社会责任意识相对弱化；三是消极心态增强，是非观念弱化；四是享受心态增强，劳动观念弱化。

独生子女通常有六位长辈呵护着，即所谓"6+1"模式。孩子从懂事起，就意识到自己处于家庭中的中心地位。这种环境，容易使孩子形成"万物皆备于我"的心态。有个笑话：家庭假日聚餐，所有亲朋戚友围坐一桌，座中有人戏问谁是"老大"？最小的孩子居然高声回答："我呀！"引得哄堂大笑。

这不是笑话，这是活生生的现实。

在孩子的心目中，早以为所有的人，包括家长、教师乃至社会机构为我服务都是应该的。父母为我服务，家庭为我出力，稍不如意，便怨天尤人。在这个特殊的社会转型期中，他们心理上注重自我，关注自我发展，追求自我实现；家庭中"万千宠爱在一身"，一方面承受来自父母亲朋的呵护与溺爱，一方面又要承受"望子成龙"的希望与重任，因此常常带来个人中心主义的倾向。他们在处理人与人之间的关系时，容易强调以个人为主体，认为"国家是抽象的，个人是具体的"，只愿索取，不太情愿奉献。在个人利益、集体利益、国家利益无法兼顾时，一些人本能地把个人利益放在首位。久而久之，这种崇尚"自我"的人生态度，便使自己的价值取向发生偏离。

随着社会大环境的变化，未成年人群体的价值观念也处在变化之中，趋向多元化。有一些独生子女，在家庭是"中心"，在学校是"优生"，充满优越感，自觉不自觉地养成了以自我为中心的观念。在处理个人与他人、个人与社会的关系问题上，片面强调个人利益，责任、义务意识普遍下降；在人生追求上，功利倾向突出，严重倾向于个人主义的价值观。

现在的未成年人大多数是独生子女，在家倍受父母的溺爱，有些人缺少艰难困苦生活的锻炼，集体主义精神、社会责任感和社会公德意识比较淡薄。一部分青少年爱慕虚荣、追求享乐、互相攀比，把职位的高低、金钱的多少当作人生的目标，过多地看重金钱的作用，而且一旦不能达到目的便心理失衡，有的人甚至聚众偷盗、抢劫。

崇尚自我，追求个性即个人的独特性，是这群孩子的特点。调研中发现，不少刚上中学的孩子就会跟你大谈自我价值，表面看来似乎人人都在追求"非凡"：上名牌大学，找体面工作，较高的社会地位。很多中国父母也都这么要求孩子。但是，他们的心智还远远没有成熟。因而在实际生活中，他们表现得任性而性强。饭来张口，衣来伸手，缺乏独立生活能力。这个群体中的一些青少年学生哪怕上了寄宿学校，也从来不洗衣服鞋袜，穿脏了，累积起来，节假日送回家中要父母家人清洗。更为重要的是，他们中的一些未成年人，心理还十分脆弱，一旦遇到困难挫折，即颓废沮丧。

【事例 25】 班长落选后患上了自闭症

据《钱江晚报》报道：小杰在小学连任三年班长，却在第四年的班长选举中落选。为此，他感到自己的颜面尽失，竟然闹脾气不去学校，忧郁绝食，最后患上了自闭症。像这样养尊处优，经不起任何打击，身处青春期的叛逆少年发生的事例，似乎不只小杰一个人。

公德意识与社会责任问题

"万善德为本"。社会公德是社会生活中最简单、最起码、最普通的行为准则，是维持社会公共生活正常、有序、健康运行的最基本条件。因此，社会公德是全体公民在社会交往和公共生活中应该遵循的行为准则，也是作为公民应有的品德操守。"文明礼貌、助人为乐、爱护公物、保护环境、遵纪守法"，国家对社会公德的主要内容和要求做了明确规范。

应该说，随着社会的发展与进步，以及国家、学校对青少年学生德育教育的不断加强，我国未成年人社会公德的品质亦有了较大的改善。但是市场经济社会对利益的不懈追逐，仍然在无形中对整个社会人群，特别是对未成年人的思想道德起着潜移默化的负面影响。2004年，中央在《关于加强未成年人思想道德建设的若干意见》中指出："在各种消极因素影响下少数未成年人精神空虚、行为失范，有的甚至走上违法犯罪的歧途"。时隔十多年，残酷而冷冰冰的现实的确让我们看到，未成年人的道德伦理弱化在很多方面不仅没有改进，而且有恶性发展。少数未成年人缺少仁爱与宽容之心、感恩与恭敬之心、敬畏与恻隐之心、是非与羞恶之心。他们的人生观、价值观不同程度地发生了严重扭曲。

我们经常可以看到诸多令人不悦的事件。文明礼貌，同学友爱，本是一个学生最基本的品质。可是，恃强凌弱、欺压弱小的现象时常发生；一语不合，即拳脚相加。2015年，网上曾流传过一段视频截图，几个初中女孩对另一女孩大打出手，围打之后，还当众扒光衣服。现象虽属个案，但有一定的代表性。

尊敬长辈、尊敬老师，感谢他们的教育培养之恩，本是做人的起码操守。但现在学生中有殴打老师，甚至残杀老师之人。学生们"老虎屁股摸不得"，老师们"要说爱你不容易"。

【事例 26】 殴打教师事件时有发生

2014年5月30日，陕西长武县中学发生集体撕书和殴打老师事件。30日是该校高三学生最后一天在校上课，下午他们将放假回家，准备迎接即将到来的高考。从上午10点多开始，一场疯狂的集体撕书事件在高三教学楼上演。高三学子们通过撕书宣泄压力，以表明"最后一考的决心"。因为担心学生会在撕书、扔书时"夹杂"暖水瓶等危险物品，当天学校特意安排了老师防止学生出现过激行为，结果该老师被6名学生围殴致伤。

四川省彭州市的文老师也许不曾想到，自己曾教过的学生张润（化名）在离开学校后的7年期间，天天练散打，目的居然是为报复老师。张润把自己工作中的一切不顺，都归结于老师的教育问题。毕业7年后，他开始了一系列疯狂的报复举动：先是提着钢管到学校，被发现后翻墙而逃。2014年3月的一天，他又拿着菜刀踢开学校大门，举刀追向曾经的班主任老师，并挟持两名学生，要求老师当面道歉，直到警方赶来将他当场抓获。其后，他虽然在警方、法院工作人员的耐心劝说、教导下，留下了悔恨的泪水，可是这一切的疯狂举动还是造成了严重的影响。而这一切，只是因为老师7年前对他的一次批评。一个学生因老师的批评，产生的恨意竟如此之深、如此之久，发人深省。

调查研究发现，背离文明、伦理缺失也成为当前少数未成年人道德品质突出的问题。

中国人民大学曾经对当代中国公民道德状况进行了一次问卷式的全面调查，对青少年道德状况的问卷调查中，"经常和偶尔随地吐痰"的比例共占39.56%；公交车上"看到旁边站着老人和孕妇时"，虽然只有不到2%的人选择"不让座"，但也存在21.21%的人不情愿让座。被问及"假如不小心弄坏了别人的东西恰巧周围又没人"时，18岁以下的受访者中有31.65%的人不愿意主动承认是自己干的，而且随着年龄的增长，不愿意主动承认的人数比例持续升高；当问及"对同学作弊的看法"时，有9.49％的受访者认为作弊没什么，说不清者有16.08％，而且随着年龄增长，认为"作弊没什么"的比例反而大增。

同样，深圳市南山区进行的《青少年成长中问题与对策问卷》的千人调查中，考试中作弊或偶尔作弊的也有284例，占比29.4％；在"你在参加集会和观看演出时，有以下不文明行为"时，如迟到早退、大声喧哗、不鼓掌、吃零食等将行为的占近半数；面对不文明言行者，有35.5％的人选择沉默。在针对高中生的问卷调查中，如迟到早退、大声喧哗、喝倒彩、吃零食、上课打手机的不文明行为的比例更有所增加；批评劝阻不文明行为的人，选择沉默者竟然达到51.7％。也就是说，随着年龄增长，对各种不文明礼貌的行为，更加听之任之。

言行不一与诚实守信问题

明礼，明白事理；诚信，诚实守信。"人无信则不立"，诚信自古以来就是我们中华民族的传统美德，是立身处世的基础，是衡量一个人品行优劣的重要标准。古人将"诚实"和"守信"视为最高道德规范，孟子认为，"诚者，天之道也；思诚者，人之道也。"《易经》中提出："人之所助者，信也。"《礼记》则指出："不宝金玉，而忠信以为宝。"

中共中央颁布的《公民道德建设实施纲要》提出，在全社会大力倡导"爱国守法、明礼诚信、团结友善、勤俭自强、敬业奉献"的基本道德规范。所谓诚信，就是忠诚老实，诚恳待人，以信用取信于人，同时对他人给予信任，重信用，不虚言；守承诺，不背信；讲信誉，忌弃义。诚信，不仅是传统儒家思想的核心理念之一，更是评价一个人最基本的出发点。在现今的《中学生守则》《中学生日常行为规范》以及思想品德课的有关章节也都设置了诚信教育的内容。

多年来由于党和政府的正确引导、教育部门的不懈努力、学校家长的身体力行，应该说，我国中小学生的诚信道德状况主流是好的，积极的，但由于受各个方面不良因素的影响，不少中小学生的诚信意识还是比较淡薄。现实情况不容乐观。主要表现在：

一是在学习中投机取巧、考试作弊。

有的同学不严守学习规则，课后作业抄袭应付，不能自己独立完成，甚至出钱雇同学完成作业；考试时违反纪律，交头接耳，左顾右看，且作弊花样不断翻新。考试作弊行为不仅助长了部分学生投机取巧的心理，而且败坏了学风、考风，对学生思想品德有极大的腐蚀作用，妨碍他们的健康成长。

【事例 27】　作弊之风屡禁不止

2015年7月10日至12日，河南泌阳一高组织高中一年级、二年级进行期末升级考试，参加考试的16名高一学生和1名高二学生，携带手机进入考场，利用手机短信传答案，甚至用手机上网查找答案作弊，被监考老师发现。尽管学校在考前要求每个学生签订《诚信考试承诺书》，然而还是有学生置若罔闻。

《南方都市报》以"记者卧底替考参加高考曝光跨省

团伙"为题，报道了团伙组织在江西实施高考替考事件：2015年6月7日江西南昌市的高考现场，多名"枪手"正在南昌参加考试，其中有6名"枪手"在南昌十中替考。他们均持有具有本人照片的身份证、准考证。这一事件说明，无论是代考的学生、替考的"枪手"，甚至是主考的机构，诚信缺失是他们的共性。

贵州省毕节市纳雍县曙光中学学生郑雄被多名同学强行拉出学校，遭13名学生围殴，因伤势过重，于2015年7月4日抢救无效身亡。其原因是在考试期间，郑雄没有让同学抄袭，引起不满后遭到殴打。据了解，郑雄属于留守学生，父母在浙江打工，他平时在学校住宿，周末去亲戚家住。郑雄学习成绩非常优异，在学校表现好。仅仅因为不愿让同学抄袭试卷，竟然遭同学殴打致死。

二是在日常生活中隐瞒事实，编造谎言。

损坏别人的东西不敢承认，拾到东西不上交老师，借了同学的东西不归还。还有的同学在父母、老师面前表现很好，背地里另搞一套，我行我素、屡教不改等一系列诚信缺失现象时有发生。

【事例 28】 真实的谎言、小偷小摸行为时常发生

某中学班主任曾亲自发通知召开家长会，开会时有三个学生家长未到。问学生，都说已通知家长。事后走访或问询，三个家长都说没有接到通知。原来这三个学生因成绩不好怕家长责怪，都说了谎。在同一个班里，有个学生的母亲下岗了，这个学生的学习成绩不错，在同学们的眼里是"半个老师"，她认为自己的贫困家境有碍她在全班同学心中的形象，于是撒谎说妈妈在一个外资企业做白领，收入甚高。因此赢得了同学们的追捧，心里感到十分惬意。后来班主任家访，看到孩子家庭的清贫，才知晓了事情的真象。还有个别同学说谎成瘾，老师向他调查有关情况，难以听到一两句真话，甚至还有学生存在采取欺骗手段骗取他人财物等行为。特别是在住校生中，经常出现书籍、生活用品、钱物等被别人窃为己有的现象，导致同学关系紧张，搞得人人自危、不得安宁。

说谎行为在中学生中比较具有普遍性，学习成绩不太好的学生更为明显，有时品学兼优的学生也会说谎。

中学生正处在身心快速发展的关键时期，如果不正确引导，这种行为可能会发展成为一种造成危害，会影响中学生的身心健康和优良道德品质的形成。

家庭环境影响也是一个重要因素。父母亲经常说谎，常开"空头支票"，不兑现轻许之诺言，那么必定会影响孩子的行为。有的家长爱慕虚荣，或对孩子期望过高，或对孩子关心不多，体贴不够，或把教育孩子的责任推给学校，说没有教好学生是学校老师没水平。久而久之，有一些孩子也就不思进取，两头骗，以说谎的方式解决遇到的困难和问题。

小孩学样，就是小孩子效仿大人的言行。社会上人际关系的信任度下降，如政治领域中的贪污受贿、买官卖官；职场上的欺上瞒下、勾心斗角；经济领域的欠债赖账、坑蒙拐骗、制假售假、偷税漏税；婚恋关系的谎言引诱、利益勾引；文化传媒领域的虚假广告、盗版侵权；人际交往中的虚假人情、互不信任等。以上社会诚信的缺失，必然影响青少年诚信观念的形成。无形中助长了青少年说谎之风。

三是部分青少年网民诚信堪忧。

网民已成为我国社会生活中十分重要的群体，而青少年网民更是网民群体中的重要组成部分。其中部分青少年网民存在诚信与道德失范，在虚拟空间中随意放纵自己的心态，捡拾网络语言垃圾，口无遮拦，肆意发挥，暴露出自己诚信道德的缺失。网络诱发的犯罪逐渐呈上升之势。其中，青少年欺诈犯罪比较突出。有极少数道德败坏的青少年利用青少年渴望交往、叛逆的心理设计情感陷阱，达到自己不可告人的目的；有的还骗财骗物进行网络诈骗，甚至在网络上与自己的"仇敌"约群架斗狠，发泄私愤。

诚信对于青少年来说，意味着要做一个认真刻苦、踏实肯学、实事求是、遵纪守规的人，不做任何不诚实的事情。

知行脱节与自我约束问题

自我约束就是有意识地控制自己，有原则地对待事物。有效地控制不良思想、欲望、感情、言语、行为。具体表现为：对不良欲望的克制、对不良情绪的控制、对不良习性的克服、对不良行为的抵制等。一个人要有所为，就必须要有所不为。对于正在成长中的广大未成年人来说，增强自我约束能力显得尤为重要。

理想信念是人类精神生活的一种内在需求，是一个人的奋斗方向，实质上也是一个用什么样的世界观、人生观和价值观观察和认识世界的问题。有什么样的理想信念，就有什么样的行为表现，并决定了你的人生质量。人生的理想，在你不断跌倒与爬起的过程中，见证着你成长的一点一滴。人生的价值并不在于成功后的荣光，而在于追求的本身，在于信念的树立与坚持的过程。

理想信念教育属于思想道德教育范畴，是"软管理"，是"自律"，而规章制度是"硬管理"，是"他律"。只有将"自律"与"他律"相结合，理想信念教育与法规制度建设相结合，才能真正使精神的力量转化为物质的力量。

道德力量的核心在于自我约束。而自我约束的动力来自于道德认知、道德情感、道德信念与道德追求。针对未成年人的生理和心理特点，特别是在社会多元、思想多元，以及西方思想文化影响和渗透的日益加剧、防不胜防的情况下，下功夫抓好青年学生的理想信念教育，加强思想道德道德教育，帮助他们树立起科学正确的世界观、人生观，抵制消极错误的世界观、人生观的侵蚀和影响，就要在生活中坚持"有所为，有所不为"，趋利避害，从善而为，才能为自己的健康成长奠定坚实、牢固的基础。

令人忧虑的是，在现实生活中，少数青少年存在厌学逃学、好吃懒做、不务正业等行为，成为家庭的负担，也成为社会的不稳定因素。

青少年时期虽然心身发展较快，但他们此时思想尚未成熟，对社会的认识能力、辨别是非能力不强，自我控制能力差。同时，青少年好奇心及模仿能力强，很容易受同伴或不良社会风气的影响，养成不良习惯和沾染不良嗜好。现在，有不少青少年沉迷于网络游戏或上网聊天而不能自拔，严重危害了青少年的身心健康，甚至有的青少年因交损友走向吸毒、偷窃等违法犯罪之路。

在网络面前，青少年的自我约束能力更显得不足，道德自律行为较差，容易产生为所欲为的情绪和冲动，进而做出一些不道德和违反法律法规的事情。心理处于不稳定期的青少年犯罪近年来频频发生。过去青少年犯罪，特别是未满18周岁的少年犯罪，大多是盗窃，但如今抢劫、寻衅滋事、聚众斗殴等恶性犯罪行为已屡见不鲜，强奸、杀人等严重刑事暴力性犯罪行为也有所增加。

据南京市中级人民法院统计资料显示，近年来，全市青少年犯罪数已经占到了刑事犯罪总数的70%以上。另据一项调查表明，从14岁开始，青少年犯罪人数逐年增加，15岁至18岁是犯罪的高峰年龄阶段，约占青少年犯罪总人数的69.7%。

知行不一是社会上"两面"人的人生，即只知道纸上谈兵，不知身体力行的虚假道德人。评价一个人是不是一个真正的道德人，关键是看其是否能实施道德行为。所以，未成年人"知行不一"或者"知而不行"的现实状况，也是我们侧面了解未成年人群体道德现状的一个重要方面。

中国人民大学对当代中国公民道德状况的全面问卷实证调研中，在被问及"对周围同学品德的评价"时，受访者中仅有10.67%的人认为周围同学品德非常好；有15.15%的受访者认为周围同学品德不怎么好；还有3.14%的受访者认为周围同学品德很不好。例如在日常生活中，尽管绝大多数同学认为应该说真话、办实事，但在实际生活中却有大量的不诚信行为存在。有的学生专门找比较诚信、大方的同学借钱借物，有的还屡借不还，一定程度上动摇了青少年牢固树立诚信信念。

【事例 29】 青春期青少年的知行脱节

一位少年在"当前青少年存在的问题"问卷上，写出了自己的真实感受："我是一个青少年，看见这个问卷就很感兴趣。我们的父辈和我们生活的环境根本不是一回事，在性格、观念上会有天壤之别。抽烟，其实我也挺不理解的，这种东西不让碰，应该真的是对身体不好，但它又是很有魅力的，因为'大人'说它是什么成熟的标志，单是味道就很吸引人。早恋虽然不好，但其实不是什么品行和心理上的问题，在什么年龄就应该干什么事。现在我们拥有热情、活力、纯真，还有很多别的年龄没有的情感，就应该好好的珍惜把握，不能够等失去了才后悔。"

更有甚者，深圳市某中学岑某某等3名学生因贩卖k粉，被法院以贩卖毒品罪分别判处管制一年六个月，引起社会的关注。这位同学留下了"仅仅半克K粉，区区18元人民币，就给我的人生留下了抹不去的污点"的悔恨。

正是这样的模糊认识，使一些青少年早早地成为道德上的"两面"人。

"道不可坐论，德不能空谈。"习近平总书记在北京大学师生座谈会上的讲话明确地指出了在思想道德建设领域"知行合一"的重要性，我们必须深刻领会，切实执行。

盲目追星与崇敬英雄问题

在我们的生活中，特别是在青少年学生中，经常可以听到一些有趣的争论：有人喜欢周杰伦、刘德华，有人喜欢章子怡、林志玲，有人喜欢姚明、刘翔，有人喜欢乔丹、科比、贝克汉姆、罗纳尔多……许多文体明星成为大家竞相追逐、崇拜的偶像。人们把这种现象称为追星现象。追星好还是不好？它会给我们的生活带来什么影响？

一本好书、一首好歌、一部好电影、一句好的名言，都有可能影响一个人一生的选择，这就是文化的巨大力量。追星并不可怕，可怕的是误入歧途、失去理智，没有理性思考地盲目追星。

调查表明，未成年人盲目追星的现象比较普遍。一些学生热衷观看明星演出，并情绪失常地呐喊欢呼，追星的偏激与痴狂现象时有发生。这些盲目追星的不正常现象，令我们警醒。

【事例 30】　不远万里盲目追星

几年前，香港媒体与内地诸多报纸都以《三次赴港六次进京，十三年青春换来老父一纸遗书》的醒目标题，刊载了一篇文章。讲述的是兰州一位退休教师的女儿杨丽娟，为满足自己的追星梦，不惜辍学追星，不远万里上北京、赴香港，为的是求见歌星刘德华一面，并要亲自表达自己对他的崇拜、羡慕之情。

无独有偶，在深圳南山，一个同样的追星故事也发生了：深圳湾派出所接到边防部门送来的一名13岁的小女孩。女孩身上没有任何身份证件，只身携带背包和旅行袋，想从深圳湾口岸出关前往香港，目的是为了去见她的偶像谢霆锋。"我要去香港找谢霆锋，你们带我去见他，否则我什么也不说！"哭笑不得的民警收留了女孩，对她进行了耐心劝导。经过一个下午的谈心，女孩的态度终于由抵制变为信任，一五一十地道出了名字和家庭地址。追星的女孩终于在家人的陪同下，踏上了归途。

当代青少年盲目追星的主要原因：

第一，鲜有政治色彩的大众娱乐文化顺势而行。我国经过30多年的改革开放，顺利进入社会转型期，但必然带来价值观念及心理体验的巨大变化，而经济活动本身与社会倡导的价值观念无可避免地发生冲突，尤其是西方娱乐文化对青少年的影响越来越大。

在明星崇拜方面，更多地倾向于模仿和追慕文艺演技明星。据报道，在我国被调查的青少年当中，有50%的人承认有过特别喜欢、崇拜明星的经历。其中，初中生的比例达到了49%。明星偶像崇拜早已成了青少年生活中不可或缺的一部分。追星捧星，很多人接受了这个社会现实，但是，一些青少年为此或做出越格的事或荒废了学业，则要引起社会关切。

【事例 31】 盗刷，巨款打赏网络主播

2017年2月8日，央广新闻网报道，13岁少女两个月花光25万元，打赏网络男主播。25万元能花多久？家住上海的13岁女孩小苏（化名）只"撑"了两个月。

2017年1月30日，家住上海的孙女士打开微信支付功能，却突然发现自己微信钱包中少了2万元。一开始孙女士以为是自己手机遭到黑客攻击，钱被盗刷。谁知一查微信支付绑定的银行卡余额才惊觉，自己的25万元血汗钱竟然也"不翼而飞"了！

孙女士立刻找到自己微信支付的支出明细，发现从2016年12月25日开始，自己的钱就陆续通过微信支付的方式转给了游戏公司。

通过孙女士晒出的微信支付明细，平均每天都有两三次的交易，最多达到5次。每次支出的数额不等，最多一次数

额达到9500元，支出最少的金额也有121元。钱为什么会莫名其妙转给游戏公司？孙女士夫妇百思不得其解。因13岁女儿的反常表现，让孙女士开始把怀疑的目光转向女儿。

在父母的追问之下，13岁的小苏最后不得不承认是自己偷用家长的手机，并通过APP购买了大量"K币"打赏给一位男主播，同时也在该男主播的QQ粉丝群中撒了多个红包。然而被问及自己到底给这位男主播打赏了多少钱时，小苏则表示已经记不清了。

事情发生后，孙女士没有打骂孩子，可孩子的态度让孙女士很不是滋味，孩子至此也意识到事情的严重性了。孙女士知道自己的孩子在课余时间会玩手机，她觉得这是学习之外的放松，没有禁止过，却没想到孩子用自己的钱打赏男主播。

第二，明星的成功满足了一大批受众的想象。有人说，传媒高度发达的时代，就是明星的时代。明星的不同特点和类型，使他们以生动可感的方式，满足了受众的想象与需要，使明星在这个时代具有了"神"与"人"的双重特性。一种突然从平民到明星的神话，孩子误以为成功来得非常容易，而赢利性目的与商业化又成为了许多传媒追逐明星的目标。

第三，明星的自我炒作。事实证明，现在有一些明星为了保持自己的知名度或影响力，有了新闻要炒，没有新闻也要制造新闻炒作。

对于未成年人的追星现象，人们往往责备多于理解，担忧多于引导。在分析和探究其原因时也多半注意孩子本身的问题。其实，还需从青少年的心理上找到规律性的原因。

从心理学上看，青少年时期处于一个半儿童半成年人的交界状态，是一个充满矛盾、急剧变化，独立性与依赖性、自觉性与幼稚性并存、交替出现的阶段。这个阶段的青少年充满蒙眬、幻想、天真、幼稚、盲目与大胆等特色心理。神经活动的兴奋过程强于抑制过程，往往不愿安静，容易冲动。他们喜欢模仿心目中的某些理想人物，把他们当作自己的偶像，喜欢模仿他们的服装、发型、语言、动作等，羡慕明星靓丽的外表、事业的成功、丰厚的收入、优越的生活，而不注意人物的内心气质。追星现象正是在这种情况下发生的。

面对未成年人中出现的追星现象，我们没有必要横加指责和过分担忧，因为简单粗暴的做法往往容易适得其反，导致他们出现逆反心理，而应采取宽容、参与和讨论的做法，循循善诱，加以引导。

青少年思维活跃，喜欢模仿并不是什么坏事，但需要我们的家庭、学校、社会给予正确的引导与教育，不让未成年人的追星误入歧途。我们的责任与正确做法，就是引导他们向那些有远大理想、崇高目标的先进人物学习，唤回对爱国主义与革命英雄主义的崇仰。

　　在有些未成年人盲目追星的同时，我们的生活中还出现了一种对中国革命与建设时期涌现的英雄模范人物的怀疑、矮化，甚至是嘲笑、亵渎的灰色思潮。这种普遍泛化的思潮也在悄然影响与毒害着未成年人的心灵。

　　那些往日被歌颂、赞美、效法、学习的英雄模范，仿佛成了悬疑人物。

　　那些前赴后继、舍生忘死、义薄云天的英雄壮举，那些支撑着我们精神世界的英雄，突然成了被怀疑的对象。有一些青少年迷惑了，或忘却了。

　　1948年，董存瑞在河北省隆化县的隆化战斗中舍身炸碉堡而光荣牺牲。这位年仅19岁的战斗英雄牺牲前手举着点燃的炸药包，高声呼喊着："为了新中国，前进！"这一声摇撼山岳的声音，至今仍振动着我们的耳膜。他不仅活在孩子们的课本中，更活在我们一代又一代中国人的记忆里。可是在一些人的转述中，董存瑞炸碉堡的英雄事迹却被演绎成另外一个笑话的版本：炸碉堡是河南籍班长分配的任务。因为找不到支撑点，班长就要董存瑞先举着炸药，自己借口找棍子逃跑了。冲锋号响起时董存瑞还不见班长回来，而部队总攻的时刻快要到了，于是董存瑞毅然点燃炸药包。牺牲前喊了一声："同志们，千万不要相信河南人！"——一个惊天地泣鬼神的英雄壮举被歪曲成嘲笑地方人物的低劣段子，变成一个任人奚落的无聊笑话。

　　"狼牙山五壮士"更是抗日战争时期表现我军指战

员宁死不屈、气壮山河的英雄故事。可在当下一些人打着"还原真相"的幌子，得出所谓"狼牙山五壮士"中的那五个人当时都只是一些乡村里打家劫舍、叨扰民众的"流寇"，"这五个人只不过是几个共产党的散兵游勇，来村里后要吃要喝，稍不如意就随意打骂群众。由于几个人手上有枪，村民们也不敢对他们怎么样。后来有人想出了个办法，偷偷地把他们的行踪告诉了日本人，于是日本人就来围剿他们"的奇谈怪论。有人还煞有介事地声称这是调查组到"狼牙山五壮士"故事的发生地调查后得出的结论。把狼牙山五壮士这种板上钉钉的英雄壮举，连敌人都脱帽致敬的壮士，都"还原"得似是而非，亦真亦幻。这种颠倒黑白、美化日本侵略者的言论居然谬种流传，戕害着孩子们纯洁的心灵。

邱少云是抗美援朝战争中出现的一位可歌可泣的英雄：当敌人的燃烧弹引燃了他身边的草丛，这时，邱少云只须打滚翻身即可避免烧身。但为了不暴露目标，他严守潜伏纪律，忍受着烈火烧身的剧痛，坚持保持俯卧动作，直至壮烈牺牲，保证了整个战斗的胜利。然而，就是这样一位感天动地的英雄在今天也未免遭遇某些心理丑陋人物的怀疑："邱少云事迹违背生理学常识""他是被炸弹炸死的不是烧死的"……面对网络以及现实生活中各种对英雄的怀疑与非议，昔日在战场上与邱少云并肩战斗、生死与共的战友义愤填膺，他们发出《和英雄在一起：沉默的邱少云和不能沉默的我们》的怒吼，驳斥污蔑烈士的流言蜚语。邱少云烈士纪念馆的馆长王成金亦为此发表声明，对邱少云烈士的英雄事迹进行了详细介绍，回应质疑。

声明称：1952年10月，敌军"夏季攻势"失败后，又发起了"秋季攻势"，占领了朝鲜平康，"391高地"严重威胁着我方部队结合部的安全。"391高地"和我军阵地间有3000平米的开阔地，因此部队决定用潜伏作战攻打"391高地"。志愿军500多名官兵于1952年10月11日晚上12点以前，按计划潜伏在"391高地"下的草丛中，要等到第二天下午5：30发起总攻。突然，敌人从南方派出直升飞机在潜伏区上空投下燃烧弹和烟幕弹。一颗燃烧弹落在离邱少云两米远的草地上。不一会儿，烈火蔓延到他的全身。他以超人的意志和毅力忍受着烈火烧身的剧痛，直至被大火完全包围，没有发出一声呻吟，没有挪动一寸土地。大火整整烧了二十多分钟，邱少云始终一动不动。这一幕，潜伏在附近的战士都亲眼目睹。邱少云战士确实有极强的集体主义观念、大无畏的牺牲精神，这是毋庸置疑的。今天，我讲出烈士事迹，希望广大群众和网友们不要去做无端的猜疑。我们应该以邱少云战士为榜样，以他的精神为动力，为自己和家人的幸福、为祖国的繁荣富强而勤奋学习和努力工作。

雷锋，是中国人民解放军队伍中的一名普通战士，在党的培养下成长为全国人民学习的好榜样。他身上的魅力不仅是共产主义精神的体现，也是对中华民族传统美德最好的诠释。但是随着时间的推移，许多未成年人对学习雷锋活动淡漠，一些人对雷锋其人以及雷锋精神不甚了解。一些调查问卷中甚至出现"雷锋是宋朝人"的笑话。社会上还出现"雷锋的形象是拼凑出来的""雷锋的照片都是事前摆拍以作为宣传"等种种歪曲言论，以诋毁雷锋这一凝聚共产主义光辉思想的战士形象，妄图消弭雷锋对全国广大青少年精神世界健康成长的积极作用，严重地影响了他们人生观与道德观的养成。

爱国是一个公民起码的道德，热爱英雄、崇敬英雄也是中华民族的优良传统。儒家传统文化里强调"舍生取义"，其意义就是为了国家利益，捍卫国家主权，不惜牺牲个人生命。

爱国是一种崇高的行为，爱国的行为是不分大小的，只要心存爱，就会做出爱国的行为。爱国应该是每一个公民应有的行为，我们每一个公民都应该有民族自尊心、自豪感，爱国的行为也体现在自己的日常生活中。如果我们对为捍卫祖国利益、求得民族解放、保护人民生命财产、幸福生活而光荣牺牲的英雄模范都采取一种怀疑、调侃，甚至否定的态度，爱国岂不成了一句空话？我们的理想信念岂不是失去了根基？

我们要教育学生真正认识英雄和理解英雄，要避免把英雄庸俗化、娱乐化和泛物质化。一个不崇尚英雄的民族，是没有前途的民族。因此，越是在当今价值多元化的转型期，越是要树立未成年人对英雄模范的崇敬，越是要保持学习英雄模范的常态化，从而培养一种学习英雄、敬畏英雄的品质。

《不屑承认民族英雄的人是干瘪的室内标本》——2015年4月19日的《解放军报》以这样一个醒目而尖锐的标题发表文章，痛斥了社会上各种制造谣言、否定英雄、污蔑英雄的思潮："一个没有英雄的民族是不幸的，一个有英雄却不知敬重爱惜的民族是不可救药的。幸福起来的人们往往不想承认自己曾经是奴隶，也不屑于承认曾经有过英雄。不知不觉中，自己那部热血奔涌、震撼人心的历史被荒弃了、抽干了，变成一部枯燥、干瘪的室内标本，放在那里无人问津。"

大浪淘沙，洗尽铅华无数。这些共和国的功臣以及无数的革命先烈，永远是全国人民的学习榜样，他们留下的好传统也是全民族最宝贵的精神财富。

"烽烟滚滚唱英雄，四面青山侧耳听。晴天响雷敲金鼓，大海扬波做和声，人民战士驱虎豹，舍生忘死保和平……"电影《上甘岭》中那激昂雄壮、震荡山河的歌声永远在我们的耳边飞翔。对于广大青少年要加强教育，我们要用事实捍卫真相，以良知坚守正义，把英雄精神深深融入民族的基因，去开创灿烂的明天！

第四章

青少年成长的文化环境

习近平总书记指出："提高国家文化软实力，要努力夯实国家文化软实力的根基。要坚持走中国特色社会主义文化发展道路，深化文化体制改革，深入开展社会主义核心价值体系学习教育，广泛开展理想信念教育，大力弘扬民族精神和时代精神，推动文化事业全面繁荣、文化产业快速发展。夯实国内文化建设根基，一个很重要的工作就是从思想道德抓起，从社会风气抓起，从每一个人抓起。"

践行社会主义先进文化，越来越成为民族凝聚力和创造力的重要源泉，丰富的精神文化生活越来越成为人民群众的热切愿望。

随着科技的日渐发展，人们的生活水平也日益得到提升，同时也面临着思想及道德方面的种种考验。如今，网络、电视、游戏、娱乐场所等已经深入人们的生活、学习乃至工作中，三俗文化、厚黑文化、色情文化、暴力文化的不良风气，像雾霾般袭来，不仅不利于国家的长远发展，也深深影响着青少年的人生和未来。青少年群体心智尚未完全发展成熟，对事物有许多的未知与好奇，辨别能力较为薄弱。为此，国家加强青少年的文化及道德教育实属迫在眉睫。

抵制"三俗"文化之风

2010年7月23日，胡锦涛同志在主持中共中央政治局第二十二次集体学习时指出，要引导广大文化工作者和文化单位自觉践行社会主义核心价值体系，坚持社会主义先进文化前进方向，坚决抵制"庸俗、低俗、媚俗"之风。我们应当怎样提高认识、开展工作呢？

首先，要了解什么是"三俗"文化。

"三俗文化"指的是庸俗文化、低俗文化和媚俗文化。庸俗：平庸、无创意的东西；低俗：格调不雅、较低级的东西；媚俗：迁就、迎合受众，以作态取悦大众的行为、态度。

文化一般是由既定的文化载体演变而来的，从文化外在的表现形式，可以窥见其本质与内涵。如今，市面上可见各种各样的"三俗"产品，如色情、淫逸、凶杀、暴力等网络游戏、书刊音像制品等，这是形成"三俗"风气的重要载体。在快餐文化盛行的时期，人们对身边的事物已鲜有认真观察和思考。如对一些文化糟粕的错误选择，解梦、测名、占卜及算命、祭鬼神等封建迷信活动盛行，更不乏巫婆、神汉利用封建迷信骗钱害人。当中亦有许多人听信风水，违规占地修坟及兴建庙宇，严重败坏社会风气，损害精神文明建设。

随着科技的发展，互联网、电视等媒体已经深深影响着我们的生活。近年来，为迎合观众口味，各媒体选秀、相亲节目日益增多，恶搞、炒作、歪曲所谓的"艺术"，庸俗、低俗、媚俗手段花样百出，滋长了社会不良之风气，对广大人民群众，尤其是青少年的价值观形成产生了一定的消极影响。

【事例 32】 极少数媒体及公众人物的"三俗"表现

曾经红极一时的某相亲节目，在整改前曾被定义为"三俗"文化的典型。伪造嘉宾身份、以婚恋名义对参与者进行调侃乃至人身攻击，展示和炒作一些不健康观念，讨论低俗的内容，甚至给青少年植入畸形的婚恋观。青少年尚且缺乏判断是非对错的能力，极易被这种错误的观念所误导，后此节目被整改。

还有，某当红相声演员也陷入"三俗"的窘境，央视在新闻节目中不点名地批评其庸俗、低俗和媚俗。这位公众人物本应该用他说相声的嘴传播正能量，他却一身江湖习气，忙于泄私愤而满嘴糟粕之语，误导观众，传播低俗文化。据央视评论，很多电视节目或当红艺人缺乏社会责任感，没有承担起社会公众人物的责任与义务，在其表演的节目中，就会有意无意地体现出低俗的文化内容。我们应当加以阻止和抵制。

　　一本好书能够净化人的心灵，对于青少年，从书籍中获得成长的养分是最好的途径。然而，青少年图书市场，仍存在成人化、低俗化、内容落俗和非法出版物等问题。如面向中小学生的"口袋书"有：《千万别把我当人》《拦截淑女》《禁果的诱惑》《暖床猛夫》《老牛吃嫩草》《自甘堕落》，书名就令人触目惊心。某记者在采访一家书店时曾观察到，很多初中模样的女孩子都聚集在"流行杂志"区翻阅。所谓"流行杂志"，其封面多为相貌美丽、穿着华丽的少女图案，翻开书籍，多为校园爱情和"少女厚黑学"等内容，诱人落入庸俗、低俗的"俗文化"。当中的女学生，有的是被杂志漂亮的封面所吸引，有的则认为里面的内容十分有趣，适合消遣。对于这种书是否增长学识、有益身心，大多数学生表示并没有考虑过。一名14岁的男孩告诉记者："除了这些书以外，也没什么可读的，童话太幼稚，中外名著又不感兴趣。"以上现象表明，文化市场着实令人担忧。

其次，"三俗"文化对青少年危害的具体体现。

上海交通大学胡惠林教授说："庸俗、低俗、媚俗的文化产品，看上去似乎没有色情、暴力、反动那样直接的具有威胁性，但其腐蚀作用还更大，根本上是与社会主义核心价值观背道而驰的。"庸俗、低俗、媚俗"三俗"之风的蔓延，不仅在一定程度上影响了经济、社会的发展，破坏了良好的社会风尚，还助长了拜金主义、享乐主义、悲观主义和极端个人主义的情绪。这种不良现象的发生，偏离了社会主义核心价值，是对社会公共道德的挑战。

青少年是祖国的未来，肩负着振兴民族的伟大重任。然而，青少年尚未具备成熟、独立的认知能力，极易受到不良文化的侵蚀，从而形成错误的世界观、人生观和价值观。尤其不利于优秀传统文化的继承与发扬，不利于发展我们的先进文化，不利于提高社会主义精神文明建设水平。"三俗"文化对青少年的危害具体体现如下：

一是危害青少年身心健康。"三俗"之风的出现，先于娱乐圈，再于网络，后于电视，娱乐圈"潜规则"的丑闻，网络"色情暴力"的丑恶，电视"相亲乱相"的虚妄……各种不良现象的出现，给社会特别是给青少年带来了强烈的负面效应，使正在形成的社会道德与价值体系遭遇前所未有的挑战，并直接影响到青少年的身心健康。

二是严重干扰青少年正常的学习生活。在"三俗"文化里，低俗游戏对青少年的影响甚大。调研数据发现，儿童玩游戏、做作业和阅读时间比较合理，但随着年级的增长，"三俗"文化越来越受到一些青少年喜欢。如初中生鲁宁迷上QQ农场的"偷菜"游戏，每天在凌晨1点被设置的手机振动叫醒，打开电脑"偷菜"。在期末考试时，他突然冲出教室，原来"偷菜"时间到了。我们在一个初中二年级课堂上调研，问及有谁玩手机游戏每天超过两个小时？举手的高达五分之二。

对于青少年来说，通过互联网吸收知识养分，开阔视野是极好的途径；如若沉迷网络游戏，就会演变为一种庸俗情趣，一旦失去自控能力，则会严重影响正常的学习和生活，让人意志消沉、不思进取。

三是不利于青少年形成正确的人生观、价值观。电视、网络与人们生活联系更加紧密。网红、选秀等现象风生水起，虽然活跃了文化市场，但炒作、恶搞之风难止，使部分少男少女对传统教育产生怀疑，甚至认为只要去参加某个选秀节目就能一举成名，认为读书用处不大。在庸俗、低俗、媚俗手段的不断冲击下，青少年歪曲理解名利观念，少数少男少女不愿再"十年寒窗苦读"，而是一心期望选秀成名。这部分青少年狭义理解文化就是选秀，文明就是选美，怎能不令人担忧？

四是容易导致青少年不良行为的发生，甚至诱发一部分未成年人违法犯罪。庸俗、低俗、媚俗文化的冲击，使得大众心理趋于浮躁，"三俗"文化背后往往是经济利益驱动，也导致部分青少年有严重的心理浮躁情绪，在学校不遵守纪律，时常抄袭作业、打架斗殴、吸烟、酗酒等。另外，名利欲望表现比较强烈，投机取巧，想尽办法成名，用不当手段获利。久而久之，则可能演变成未成年人违法犯罪。

第三，如何引导青少年抵制"三俗"文化。

自2010年6月开始，反"三俗"成为一个社会热点问题。反"三俗"就是反对低俗、庸俗、媚俗的文化，提倡格调高、有创意，且不是完全为了取悦大众的内容。总的说来，反"三俗"的正确方法就是以雅反俗，以雅代俗。

尽管社会上已经出现了不少的"三俗"文化现象，但雅致之风并没有覆灭，两者之间相互较量且抗衡，而我们最终要实现的目标就是"以雅代俗"。目前最关键的是树立"雅"的标准。对于国家而言，必须加强精神文明建设，重建优秀传统文化体系，进一步树立社会主义核心价值观，坚决抵制"三俗"之风的侵蚀，特别是要加强青少年的思想教育工作。同时，要注意规范媒体行为，督促主流媒体形成强烈的社会责任感和使命感，以宣传积极、健康、向上的思想观念和行为为导向，勇于批判扭曲人心的世界观、人生观、价值观。那么，在反"三俗"的问题上，如何引导青少年呢？

一是继承和弘扬优秀传统文化，努力学习科学文化知识，培养文化创新能力。在尊重其他国家和民族的文化价值的同时，自觉学习和吸收一切优秀的文化成果。同时，自觉遵守公民基本道德规范，从小事做起，从自我做起，积极参加各类精神文明创建活动，勇于同各种不文明行为作斗争。

二是提高审美能力和水平，不盲目、被动，对各类文化产品要加以甄别。要善于辨别庸俗、低俗、媚俗文化并自觉加以抵制，多读有益的书籍，自觉远离"三俗"文化。

三是遵守网络道德和相关法律，增强自我保护意识，自觉抵制不良诱惑。发现不良信息及违规、违法网站，及时向有关部门举报。青少年对电视、电影等载体的文娱类节目，要正确选择，尽量远离娱乐场、游戏室等娱乐场所。

四是培养青少年广泛、健康的兴趣爱好，多组织他们参加社会公益性活动，丰富生活、陶冶情操，以不断提升个人品行，进而感染周边的人。例如，开展丰富多采的主题班会、团会，举行各种庆祝、纪念活动；积极参与法定节假日、纪念日等相关主题活动；在每年的"公民道德宣传日"精心组织各种活动；参加中外杰出人物、道德楷模的表彰性活动，激励青少年崇尚先进、学习先进；在三好学生、优秀团员和优秀少先队员中寻找学习榜样，努力赶超先进等。

五是树立正确的人生观、荣辱观和名利观。要以积极乐观的态度、开阔的胸怀和健康的思维，理性看待社会，看待未来发展。要懂得真正成功的名人几乎都经过众多的曲折和磨难，才成就了今天的"名气"，而"名人"真正的内涵在于其背后的意义和价值。

先贤孔子告诫我们："益者三乐，损者三乐。"即以自愿接受礼乐的调节为快乐，以诚心称道别人的好处为快乐，以喜欢结交贤良的朋友为快乐，是有裨益的快乐。以骄横放纵为快乐，以游手好闲为快乐，以沉溺于酒色为快乐，是有损害的快乐。先贤的告诫值得我们深思和省悟。快乐有高雅和低俗之分，人有君子与小人之别。个人是追求简单、高雅、质朴的生活，还是寻觅低俗平庸的生活，是要活得道友远离，还是广交良师益友，做备受尊敬之人，请认真思量。

人的思想观念决定行为准则，思想境界不一，行为举止迥异。追求快乐，向往幸福生活是人之常情，健康向上的快乐是积极有意义的，值得提倡。如果一个人没有高尚的精神追求，就会变得庸俗；一个民族如果没有高尚的精神追求，就会迷失方向，落后挨打。

近几年，全国掀起了"读书与学习"新风尚。"腹有诗书气自华"。时间久了，人们会发现，书籍会给人带来改变，对自身修养及品格的提升有潜移默化的作用。因此，青少年更应努力读书学习，追求知识、追求真理、追求理想，努力提高素质、增长智慧，用知识武装头脑，把学习当作乐趣，丰富自己内心的精神家园，何乐而不为呢？

消除"厚黑"文化的影响

2005年，某出版社首次出版李宗吾的《厚黑学》，100万册一时间销售一空。后来，多家出版社争相再版，"厚黑之风"自此吹遍大江南北，经久不衰。2009年5月，《人民日报》载文指出，所谓"厚黑理论"，宣扬的是"脸皮要厚，心要黑，手段要狠"，是与社会主义核心价值观背道而驰的。但此风依然不止，且变本加厉，后来还形成了厚黑系列丛书：如《厚黑学全集》《厚黑竞争术》《厚黑攻关术》《厚黑交往术》《厚黑谈判术》《老板厚黑学》《商场厚黑学》《推销厚黑学》《恋情厚黑学》《求人厚黑学》《口才厚黑学》《心术厚黑学》《厚黑大全》《厚黑人物》《男人变坏术》《溜须拍马术》《马屁技巧》《男人是好骗的》《黑白经》《官场秘笈》《拍马屁艺术》《做人不要太老实》等。社会上有一些人把它当作安身立命、为人处世的"宝典"，按照里面的"标准"一条一条做事；还有一些官员将其奉为官场的"游戏规则"、高升的法宝；有的大学生甚至把它当作步入社会的"必修课"，认真加以"学习"和"强化"。

我们设想，如果懂中文的外国人在书店看到这样一大批书籍，他们会做何感想？他们会怎么样理解这个泱泱大国的思想文化？在"厚黑"文化熏陶下的青少年，又怎么能够正确规划自己的人生道路呢？

第一，"厚黑"文化的本质、特征。

什么是"厚黑"文化？厚黑，就是脸皮厚、心黑，在处世方法，尤其是在生意场上，为达到个人目的而练就应对各种变化、实施掠夺打击的低劣、恶劣、近兽性的心理素质，并以反道德、不择手段的权谋之术取胜。非一言所能尽矣！"厚黑"文化与"知耻近乎勇"的儒家文化完全相反，因此，历朝历代，厚黑文化都因其负面性而不能公开宣扬。当今社会竞争越来越激烈，一本揭露和批判封建官场腐败的《厚黑学》，却被人们奉为成功之道的经典。

《厚黑学》是李宗吾于1934年出版的揭露流氓文化的作品，李宗吾从《三国》人物中，发现曹操心最黑，刘备脸皮最厚，并由此得出结论："古之为英雄豪杰者，不过面厚心黑而已。"《厚黑学》得以流传，曹操和刘备的"例说"起了很重要的作用。

这是一则旧闻，但也是近年来比较常见的事：在沈阳八一公园，一名袁姓中年男子遭到4名歹徒的抢劫，当时在场的一位七十多岁的老人因喊了几声"抢钱"，立即被打成头骨多处粉碎性骨折，送医院不治身亡。事发时，现场人很多，却无一人出手相助。老人身亡后，在场者没人出来作证，连被救者也不出现……

罪犯行凶时，旁观者冷漠。事情发生后，无人出来作证……

我们呼唤温暖、阳光、积极向上的文化，呼唤人间温情，然而，这些无动于衷的被救者及旁观者，就是患了典型的"厚黑综合征"，在道德的天平上一文不值。

"厚黑"文化是中国文化之糟粕。厚黑的背后是为了自己的利益不惜以他人利益及生命为代价。我们很早就知道"君子爱财，取之有道"，然而，厚黑思想只求成功、不问来路，通过走捷径的方式达到自己想要的结果。

第二，"厚黑"文化对青少年的危害。

时至今日，"厚黑"文化还在潜移默化地影响着部分青少年的道德信仰和价值观念，其危害性是显而易见的，具体表现为以下几个方面：

一是使部分青少年产生错误的价值取向。"宁可我负天下人，不可天下人负我"等厚黑学错误观念，让一些人对社会主义核心价值观，以及"仁、义、礼、智、信"等道德界限视若无睹，青少年稍不注意就容易走向歧路。

二是导致青少年偏离和迷失正确的社会发展观。如果"厚黑"文化长期盛行下去，法制建设就会出现硬梗阻或软堵塞，严重程度就有可能被架空。人治一旦超越法治，难免形成关系社会、裙带之风，人们都要埋头应付各种潜规则，编织复杂的人际关系网，醉心于极端个人主义，必将破坏社会秩序，危害国家的长治久安。

三是"厚黑"文化折射出的投机心态，影响青少年的成长。驱使青少年不是想通过辛勤劳动来获取回报，而是试图靠巧取豪夺、投机取巧等方式走富贵捷径，最终成了一些青少年成长与成才的陷阱。

四是青少年容易受"厚黑"文化"坑、蒙、骗、拐、诈"的消极影响。"坑、蒙、骗、拐、诈"各种不良事件在社会上花样百出，屡禁不止，青少年耳濡目染，不乏仿效者。

自称为"厚黑教主"的李宗吾当年写《厚黑学》时，也曾表示他的目的在于揭露某些人的厚黑行径，提防他们施行厚黑，这无可厚非。但是，这种流行的所谓"厚黑"文化，反而成为一些人学习、练就的"本领"。如果真的按照这些厚黑类书籍所提倡的那样去行事，那么，道德、理想、情操等人类美好的精神追求，都将被视作迂腐、过时的东西，被世人弃而不顾。

第三，青少年应当抵制"厚黑"文化。

有人讲，"厚黑"文化一样具有两面性：一面就是，我们可以看清某些人和事的黑暗面，以此警醒自己；另一面则是依据错误的"厚黑"理论，错误地为人处世。但是，这些都烙下了封建社会的残余痕迹。因为社会转型，"厚黑"文化一时喧嚣，但在科技发达、法制健全、社会文明为主导的今天，"厚黑"文化必定行之不远。对于青少年来讲，最重要的是树立信心，树立正确的人生观，消除"厚黑"文化的不良影响。具体有以下几点：

一是青少年应冷静、客观对待名利和成功。切不可沉湎"厚黑"文化，彻底舍弃投机取巧、不劳而获的心态。只有经过艰苦的磨炼，具备百折不挠的顽强意志，掌握了工作与生活技能，具有丰富社会实践经验的人，才可能成为有所作为的人。

二是相信党和政府，不要在负面挑战前退却，不向挫折、困难屈服，不为个人得失而过度忧虑。这样，"厚黑"文化就将失去市场。当代青年人还要学习古代英雄豪杰胸怀天下的气度，形成鲜明的民族责任感和强烈的大局意识，大胆同唯利是图、自私自利、不择手段的厚黑行为做斗争。

三是坚定社会主义远大理想信念，为社会进步而努力奋斗。为人民服务，为实现伟大的中国梦效力，为人类的进步事业做出更多的贡献。

重铸民族之魂和时代精神，需要我们具有建设现代文明的社会责任和使命意识，需要青少年在弘扬中华民族优秀的传统美德的同时，警惕一些封建文化死灰复燃。同时，放眼世界，学习当代世界先进的思想理念、管理方略，与时俱进，坚持科学发展，我们的文化才能在世界大家庭中真正占有一席之地，荣耀千秋。

让青少年远离色情文化

色情文化渗透进社会生活的方方面面，一定程度上干扰了青少年正常的学习生活。对于青少年来说，色情文化不仅是一种精神污染，而且是诱发青少年性犯罪的主要原因。色情文化的传播媒介主要有色情网站、淫秽声像制品、色情刊物、色情游戏、色情歌舞表演、色情广播……容易让青少年接触到许多色情污秽信息。尤其随着互联网技术的快速发展，网络色情已经成为阻碍网络文化健康发展的"毒瘤"。因此，我们必须遏制色情文化的蔓延势头。

首先，什么是色情文化？

所谓色情文化，是指借助语言、文字、图像等工具表现"性行为"事件，过度宣扬性欲和性快感，不正常地激起人们的性需求，没有艺术价值或科学价值的文化糟粕。它通过报纸、杂志、书籍、电视、电影、网络、音像制品、户外广告、招贴等各种形式传播有关性欲、性暴露、性暴力以及性变态等内容。

其次，色情文化对青少年的危害。

毋庸置疑，色情文化在中国乃至世界都有漫长的历史。它作为人类文化中的重要组成部分，在人类社会的历史发展中有其积极的一面，但每种文化倘若发展到泛滥的境地，多少就带点让人渴望远离的成分。然而，当今社会，色情文化在青少年性健康成长中，却扮演了一个充满诱惑的反面角色。我国司法界人士指出，国家每年有约15万未成年人犯罪案件，且呈不断增加趋势，这与不良文化，尤其是暴力和淫秽影碟、书刊等有直接关系。

我国每年大约有2000万青少年进入青春期，10~19岁的青少年数量已达到3亿以上。目前，我国青少年的犯罪数量已经占到总犯罪量的70%，其中30%以上是性犯罪。未成年性犯罪主体大多数是在校的学生。犯罪年龄集中在14~18岁之间，涉嫌性犯罪的未成年人几乎全部观看过淫秽影碟或访问过色情网站。

【事例 33】　"点击它，你可以看到最热辣的图片"

据报载，即将进入高二读书的15岁男孩小羽，在开学前一天晚上的家庭聚餐之后，同表妹一起玩耍。演绎了黄色录像里的镜头之后，害怕丑行败露，残忍地将年仅8岁的表妹杀害。小羽被判有期徒刑16年。

据他自己所述，他是这样走上犯罪道路的：有一次上网时，突然跳出一个网页，上面显示"点击它，你可以看到最热辣的图片"。他就好奇地点击了，谁知道里面的图片都是些赤裸的男女在做爱……他惊呆了。第一次见那场景虽臊红了脸，但心里却产生了异样的性冲动。这一幕给了他人生第一次强烈的性刺激，一个人发呆时，就情不自禁地在脑子里一遍遍地回想。

现在市场上（包括网络）表现淫秽色情的东西屡禁不绝，而青少年对于这方面的防范又相对薄弱，有部分青少年对色情文化的危害认识不清，缺乏防御和抵制的能力。加之，有些服务业经营不规范，以利益最大化为目的，给未成年人性犯罪提供了便利条件。

【事例 34】 小旅馆成未成年人性犯罪多发地

据2015年9月16日《检察日报》报道，王某等三人均为在校高中生。2015年寒假期间，三人商量约初中同学李某出来耍，并与李某发生性关系。2016年2月24日，王某联系上李某，将她带到市区桃林街一小旅馆，用身上仅有的100元开了间房，用白酒将李某灌醉后对其实施强奸。

据河南省灵宝市检察院未成年人办案组统计，近年来，该办案组共受理未成年人强奸与强迫、组织卖淫案件32件，涉案56人，发生在宾馆、小旅馆的多达28件50人。检察官发现，小旅馆成为未成年人性犯罪案件的多发地，原因如下：

　　未成年人多囊中羞涩，高档正规宾馆住不起，只能选择小旅馆。小旅馆一般在市场、车站、医院、城中村等地区，多数以家庭为经营主体，价格低廉，住一晚只需几十元，最多不超过150元，成为未成年人入住的首选，也成为未成年人实施性犯罪的主要地点。在办理王某等三人强奸案中，王某交代他们三人身上仅有100元，本想在正规的宾馆登记个房间，可问了几家都需要三人同时出示身份证并预交300元押金，他们只好选择一家价格便宜且只需一个身份证的小旅馆。

　　办案检察官发现，大部分小旅馆为了挣钱吸引客人入住，不按要求登记和上传入住旅客信息。如毋某等五人（其中三人为未成年人）强奸案中，案发当晚毋某等五人与被害人张某（女）一起喝酒吃饭到深夜12时。结束后，毋某提议带张某到宾馆玩玩，于是五个人便将张某哄骗到市区一巷内的小旅馆，用毋某的身份证开了两个房间，在房间对张某进行轮奸。半个月后五人又用同样的办法将张某带到同一小旅馆，对张某实施轮奸。

　　办案检察官发现，大部分小旅馆没有设置治安保卫组织或指定安全保卫人员，在发现违法犯罪情况时也未能及时向公安机关报告。在办理毋某强迫李某卖淫一案中（三人均为未成年人），毋某在不到一年的时间里先后十多次带李某到6个小旅馆卖淫，其间李某在小旅馆内哭闹被毋某抓回殴打，旅馆的服务人员却视而不见，既不阻止也不向公安机关报告，任由强迫卖淫犯罪行为的发生。

色情文化对青少年性健康的伤害，概括起来主要包括以下三个方面：

一是性观念错误。

大多的色情淫秽作品为了达到强烈的感官刺激，经常通过演绎一些病态甚至变态的性心理、性观念和性行为，以吸引诱惑受众。由于科学性健康教育的缺乏，青少年往往无法分辨色情文化中性表现的真善美、假丑恶，一味地盲目吸收和效仿，进而形成了错误的性认知和性观念，使自身的性社会化出现偏差甚至逆向而驰。

现在大部分青少年性知识不是从正规途径获得的。著名医学家吴阶平认为，人的一生在不断接受教育过程中有两个特别重要时期：一个是0～4岁智力开发的早期教育，另一个就是10～15岁青少年青春期教育。当青少年通过各种途径知道"性"的部分知识的时候，学校、家长没有以健康的性教育作为防御，致使这片空白被一些错误的、不健康的性知识占领。还有一个重要现象，现在成人离婚率上升，导致单亲家庭的数量增加，而这些单亲家庭的孩子在发育过程中心理或多或少存在一些问题，到青春发育期，也往往得不到父亲或者母亲的指导，很多孩子容易走向堕落。

二是性生理伤害。

相关调查显示，未成年人过早的性行为90%以上是受到媒介色情文化及社会上的各种不良诱惑所导致。青少年在青春期发育过程中，对性的好奇和探索原本是一种正常的生理现象和心理反应，但由于他们的自我控制能力较差，受到色情文化的刺激，往往很难抑制自己的生理冲动，在一定程度的异性情感交流中，容易导致性行为的发生，从而对生理造成伤害。更可怕的是同性恋数量的日益扩展。在2015年12月1日（世界艾滋病日）中央电视台发布的最新数据显示，男男同性恋成为艾滋病最危险的性传播途径。2008～2010年青少年患艾滋病人数年增长率为32%，2011～2015年为49%，其中82%为男男同性恋。其中15～17岁占10%，18～22岁占65%，23～24岁占25%。

三是性心理伤害。

从性成熟到结婚的时期常常被称为"性待业期"，青少年正处于"性待业期"的核心阶段，而这个阶段又恰恰是性冲动的危险时期，一方面青少年对性有强烈的渴望，另一方面社会在管理和监督上对青少年的性约束相对薄弱，在这样的客观条件下，一旦青少年在此阶段受到不健康的色情淫秽文化的腐蚀，他们中的一些人就极有可能被色情文化所"俘虏"，过早发生性行为，并由此产生自卑、怯懦，甚至自暴自弃的消极心理。这种心理上的伤害，恐怕更难以治愈。

第三，切实做好预防青少年性犯罪相关工作。

近年来，青少年性犯罪率逐年提高，有关青少年性犯罪的报道屡见不鲜，色情文化的泛滥已经严重影响到社会道德的走向，在很大程度上，对青少年性犯罪起到推波助澜的作用，成为导致近年来青少年性犯罪率上升的重要因素。

泛滥的色情文化是人类社会的一颗毒瘤。一方面，由于其具有巨大利润，因而极容易被犯罪分子利用，从而在社会上大行其道；另一方面，由于"性"在人类面前总是以神秘的面孔出现，人们在猎奇心理的驱使下，容易陷入色情文化的泥沼而不能自拔。由此知道，预防青少年性犯罪是一项长期、艰巨的任务，是今后相当一段时间内我国社会风气整治的一项重要内容，需要全社会的通力合作。

从长远的角度讲，预防青少年性犯罪，应重在"事前干预"，而非"事后干预"。即对于青少年性犯罪问题，重中之重在预防，尽量避免许多不必要的恶性事件发生。具体要从以下三个方面加以干预：

一是要撸起袖子制止、消除色情文化对青少年的腐蚀、侵扰。

在各级党委、政府领导下，有关部门切实发挥监督管理作用，做到有法必依，执法必严，违法必究，最大限度地遏制色情文化对青少年的腐蚀和侵扰。社会组织、社会力量在与色情文化的斗争中同样要发挥积极作用，形成齐抓共管的社会氛围。

二是要广开正规渠道，进一步加强青少年性知识教育。

我们要用正规场合、恰当方式和方法，教给青少年正确的性知识，增强他们的鉴别能力、自我控制能力及自我保护能力，防患于未然。

青少年有特殊的心理特征，如果对性教育采取"回避""堵塞""敷衍"的方法，只能适得其反，反而会激起他们更强烈的好奇心，酿成我们意想不到的后果。因此，学校及社会对青少年性教育必须坚持"疏导"原则，"疏导"不能停留在形式上，要落到实处，更不能凭"堵塞"来解决问题和推却责任。

此外，对青少年要全面实施性教育，应该包括性生理教育、性心理教育、性道德教育及自我管理教育等。

三是家庭、学校、社会要共同承担净化环境的责任。

预防青少年性犯罪，要以青少年的成长环境为重心，预防青少年性犯罪。

第一，家长要为孩子营造一个健康、温暖的家庭环境，让他们发自内心地爱自己的家庭，在良好家庭环境下健康成长。帮助孩子增强性辨别能力，提高抵制色情文化的自觉性，并引导他们远离色情文化。

第二，不论是小学、中学、大学，都应该开设与他们相适应的性知识教育课。同时，构建一个良好的学习环境，为青少年提供一个积极向上的成长空间，使青少年在良好的校园文化熏陶下自觉远离色情文化。

第三，社会各行各业，特别是传媒界要加强自律、自控，对社会负责、对青少年健康成长负责，自觉维护青少年良好的学习、生活环境。

总之，我们必须充分认识、高度重视色情文化对青少年的危害性，要完善学校、家庭、社会的性健康教育体系，大力弘扬社会主义道德风尚，搞好精神文明建设，净化社会环境，规范社会行为，努力为青少年的成长营造一种良好、健康、高尚的社会风气，为青少年守住蔚蓝纯净的心灵天空。

第五章
学校是青少年素养
养成的主导者

　　学校是给青少年传授文化科学知识，塑造健全人格的摇篮，是引导、培养青少年初步形成世界观、人生观、价值观、荣辱观的主渠道、主阵地。

　　在中华民族实现中国梦、崛起于世界民族之林的漫漫征途中，学校教育的使命正面临诸多复杂多变的新课题、新挑战，迫切需要广大教育工作者以新视野、新追求、新举措，与时俱进，从容应对。

注重培养青少年创新精神

我国中小学课堂教学有一个普遍的现象，那就是教师"教"的活动几乎占据了整个教学过程。而学生的学习活动仅仅限制在教师精心设计的层层提问中，并且每个问题都只有一个能够得分的标准答案，学生作为主体发起提问更是寥寥无几。久而久之，学生养成一种唯书是从、唯师是从、唯命是从的心态。不敢怀疑传统，不敢质疑书本，不敢挑战权威，导致他们不会和不善于发现问题，缺乏主动探究能力，扼杀了创新精神。因此，在学校教育和教学工作中，务必注重培养学生的创新精神。

第一，不要做不会提问的学生

著名文学家巴尔扎克说过："打开一切科学的钥匙毫无异议是问号，世界上任何发明都应归功于'如何'，而生活的智慧大概就在于遇事都问个为什么。"

学起于思，思源于疑。质疑问难是学生学习的一种

181

重要手段，也是学生创造性思维获得发展的前提。明代岭南大儒陈献章对此特别重视，他说："学贵知疑，大疑则大进；小疑则小进。疑而能问，已得知识之半。"又说："疑者，觉悟之机。知其可疑而思问焉，其悟自不远矣。若徒以为晓得，便竟住了，大无益。"教育家顾明远说："不会提问的学生不是学习好的学生。"

问题意识是思维的动力，是创新精神的起点和基石。袁振民先生在其《反思科学教育》一文中曾这样指出："中国衡量教育成功的标准是将有问题的学生教育得没问题，似乎全都懂了。而美国衡量教育成功的标准是将没有问题的学生教育得有问题。"没有问题意识，一切创新活动将无从谈起。因为只有有了问题，才会产生解决问题的需要和内驱动力，从而激发学生寻找创新之路。课堂教学要把过去以"教师单方面讲"为主的教学方式转变为启发学生对知识有主动追求"，积极实践启发式和讨论式教学，让学生感受、理解知识产生和发展的过程。

"高考指挥棒"的威力，虽然使学校、家长、教师不得不屈从，但现在党和国家已经把素质教育摆在首要位置，教师要带头逐步摒弃"一言堂，满堂灌"的填鸭式教学方法，变师道尊严的师生关系为教学相长的朋友关系，消除学生的从众心理和畏惧心理，为学生创造一个宽松和谐，具有民主气氛和探索气氛的学习环境。引导学生主动参与学习，敢于质疑，敢于提问。要让学生冲破思想牢笼，敢于标新立异，发表自己的不同看法，提出自己的独特见解，养成创新思维的习惯，具备主动探究新知识、发现新问题、掌握新方法的能力。

第二，让每个孩子都能成为有用之才

教育思想的适时转变，是教育改革的灵魂。教育现代化的核心，是教育思想的现代化。党的十八大报告提出"让每个孩子都能成为有用之才"的教育理想，是对教育战线提出的重大命题，是对人才观、质量观的科学阐释。过去，在片面追求升学率错误思想的冲击下，少数教师偏爱考分高、成绩好的学生。一俊遮百丑，忽视他们的缺点。对接受能力差、成绩不好的学生另眼相看，对思想品德、行为习惯偶有过失的学生视为孺子不可教的另类，轻则挖苦打击，重则施以各种惩罚甚至体罚。

素质教育要求我们公正、公平地对待每一个学生。尊重教育规律和学生身心发展的规律。为每个学生提供合适的教育，为每个学生提供公平受教育的机会，满足每个学生的学习需要，促进每个学生都主动地、生动活泼地发展。使不同家庭背景、不同智力水平、不同性格志向的学生的潜能都得到充分发展，都能获得成功，人人都能成才。

实施素质教育，首先要实现教师角色的转换。现代教师不再是一个把学生当作知识容器"传道、授业、解惑"的单向传输者，不再是一个传统模式铸造人类灵魂的"工程师"或用一种方式培养百花的"园丁"，而是一位尊重学生人格、尊重学生个性发展的引路人。教师也不再是为了学生的成长而牺牲毁灭了自己的"春蚕"和"蜡烛"，而是一位终身学习、终身发展的探求者。教师不再是知识渊博的"一桶水"，面对知识爆炸的年代，面对信息化、网络化的年代，教师要养成终身学习的习惯，不断给自己"充电"，修正自己的教育理念，提高自己的综合素质，提高自己的职业道德修养和施教能力。

素质教育要求教师的角色转换从以下几个方面进行。

一是由课程的执行者转变成课程的构建者。在旧的课程理念和课程环境下，教师的作用被局限在教学计划、教学大纲、教材修筑的围城里，教师只要按照教参"照本宣科"就算完成教学任务。超越大纲和教材则被视为"大逆不道"。素质教育则要求教师成为一位善于开发校内外教育资源，善于调整课程进程和课程结构，具有设计教学活动能力的课程构建者。新的课程体系，将给教师更多的空间。

二是由教学的管理者转变为学生发展的指导者、合作者。我国长期以来形成的传统师生关系，崇尚师道尊严，实际上是一种不平等的关系。教师不仅是教学过程的控制者，教学过程的管理者，还应该是学生学习活动的评判者、合作者、引导者和参与者。

三是由裁判学生成绩的"法官"转变成学生成长的促进者。过去，教师评价学生的主要手段是考试，唯一的标准就是成绩和分数。教师要改变这种用成绩的好坏作为主要衡量标准来评定学生的观点和做法。现代教育观认为，没有成绩差的学生，只有才能未被开发的学生。美国哈佛大学著名发展心理学家霍华德·加德纳教授提出："人类至少存在七种以上的智能，如语言智能、逻辑智能、音乐智能、身体运动智能、空间智能、人际关系智能和自我认识智能，每一种智能在人类认识世界和改造世界的过程中都发挥着巨大的作用，而且具有同等的重要性。"加德纳认为，以上各种智能不是以整合的方式存在，而是相对独立的。这就是著名的多元智能理论。

教师应从不同角度、不同层面去看待每一位学生，评价学生不能以文化课成绩和技能作为唯一的标准。高考未被录取的文学奇才韩寒、电脑天才满舟、大学肄业的软件大王比尔·盖茨、苹果电脑的创始人乔布斯、仅读书三个月就被老师斥为"低能儿"而被撵出校门的发明大王爱迪生、小时候把板凳做成三条腿的大科学家爱因斯坦、从小迷恋大自然而学业平平的生物进化论的奠基人达尔文等，都是有力的佐证。政府、社会、学校要树立新的评价观，评价的指标要多维，评价的方法要多样，而且针对不同学生及学生的不同需要采取不同的评价方法。

立德树人，培育社会主义核心价值观

立德树人之教化，最终应在引导当代青少年形成社会主义核心价值观的目标上得以落实。我们说"传统"，即"传而统之"，其"神"在于传递，其"魂"在于统摄人心，反映的是一种承前启后的文化自觉。中华五千年历史足迹，每一代人都生活在传统之中；同时，又从现实出发对传统进行不断修正、更新和扬弃。这其中贯穿始终的有一条线，那就是我们民族共有的"价值观"。

社会主义核心价值观继承了传统文化的思想精华

"富强、民主、文明、和谐，自由、平等、公正、法治，爱国、敬业、诚信、友善"，这24个字传承着中华优秀传统文化的基因。今天，我们提倡的社会主义核心价值观，从中华优秀传统文化中汲取了丰富营养，有着旺盛的生命力。2014年5月，习近平总书记在五四重要讲话中强调，我们倡导的社会主义核心价值观就是中华优秀传统文化价值观的继承。"培育和弘扬社会主义核心价值观必须立足中华优秀传统文化。牢固的核心价值观，都有其固有的根本。抛弃传统、丢掉根本，就等于割断了自己的精神命脉。"这一重要论断阐明了社会主义核心价值观与中华优秀传统文化的关系。对于青少年如何树立和培育社会主义核心价值观，习近平提出了八字要求：勤学、修德、明辨、笃实。这与中华传统文化强调的"格物、致知、诚意、正心、修身、齐家、治国、平天下"是一脉相承的。他强调，离开传统文化的"本"，社会主义核心价值观就成了无源之水，很难获得人们的心理认同。培育社会主义核心价值观，必须大力弘扬优秀传统文化。

社会主义核心价值观在三个层面的倡导，直接或间接地继承了传统文化中的思想精华。

1. 国家层面倡导"富强、民主、文明、和谐"，借鉴了传统文化中"自强不息""以和为贵"等思想。可以培养青少年和儿童"天下兴亡，匹夫有责"为重点的家国情怀。"家国情怀"是中国人对国家具有高度认同感和归属感、责任感和使命感的体现，是出于对国家价值发自内心的认可而生成的一种对国家的特殊认知和情感归属，是国家凝聚力形成与维持的重要动力源。建立了家国情怀，我们才能够感受到自己与国家之间的紧密联系，感受到国家给予的幸福和力量，才能将中国梦当作共同的愿景和追求去努力奋斗。

2.社会层面倡导"自由、平等、公正、法治"，借鉴了儒家"天人合一""允执厥中""隆礼重法"思想。"自由"在古代多指人通过发扬善心，进而知性、知天，"参天地之化育"，最终实现天道与人道交融互通，达到物我为一、天人合一的境界。此外，还有以仁爱共济、立己达人为重点的社会关爱教育，以正心笃志、崇德弘毅为重点的人格修养教育，都从社会层面突显出中华民族一以贯之的价值取向。

3.个人层面倡导"爱国、敬业、诚信、友善"，传承了中华民族几千年的传统美德。"爱国"是中华儿女矢志不渝的信念，是我们弥足珍贵的精神财富。"诚信"思想最早来自儒家，《中庸》讲"诚者，天之道"。天道至诚、真实。所以，人道也应如此，人性真诚善良。"信"为人言，人要言必信，行必果。由"诚"到"信"，是做人的基本要求。儒家认为，"仁义礼智信"五常美德，展示出中华民族的大爱情怀，是每个现代中国人不能忘却的道德规范。"仁"的推行表现为善待他人，推己及人，即"友善"。"义"的推行表现为处事得体，办事尽心，即"敬业"。仁爱共济、立己达人的先贤古训可以引导帮助现代青少年学生正确处理个人与他人、个人与社会、个人与自然的关系，学会心存善念、理解他人、尊老爱幼、扶残济困、关心社会、尊重自然，培育集体主义精神和生态文明意识，形成乐于奉献、热心公益慈善的良好风尚，争做高素养、讲文明、有爱心的中国人。中国传统文化博大精深、源远流长，其中闪耀的思想精华和道德精髓是社会主义核心价值观的重要思想源泉。

社会主义核心价值观教育要与中华传统美德教育联系起来

中华民族以吃苦耐劳、聪明能干而著称于世。在漫长的历史进程中，无数炎黄子孙世代相传，形成了博大精深的传统美德。成为中华民族宝贵的精神财富。中宣部、教育部制定的《中小学开展弘扬和培育民族精神教育实施纲要》，提出，"要以爱国主义教育为核心，以中华传统美德和革命传统教育为重点。"动员全社会各方面共同做好青少年思想道德教育工作，为青少年的健康成长创造良好的社会环境。因此，建设中国特色社会主义和谐社会，就要弘扬优秀文化，传承中华传统美德，培养中华民族精神。继承和发扬这种传统是每一个中国人，特别是青少年一代的历史责任。

改革开放以来，在商品经济发展的大潮中，出现了一些不良的道德倾向。如见利忘义、损人利己、好逸恶劳、贪图享受、个人利益排在第一位等。这些思想在青少年中也有所反映。如不关心国家大事，学习缺乏动力，唯我独尊、自私自利、弄虚作假、追求享受、追求"名牌"用品等。这些问题的产生，从某种意义上反映了青少年学生人生观、价值观、道德观的扭曲。不矫正，要培养一代跨世纪的人才是很难实现的。

开展社会主义核心价值观教育，要与学校对中小学生进行中华传统美德教育紧密联系起来。

1.高尚的校园文化是一种精神塑造，具有无声的熏陶和感染的教育功能。 学校领导要成为率先思考和落实创建优美环境的领头人。让校园内的每一面墙壁、每一条走廊、每一处花园、每一间教室，都散发出文化气息，赏心悦目、美不胜收。例如在校内设置民族英雄、伟人、哲人、科学家雕像，悬挂名人肖像和生平事迹，张贴美德格言、名言警句及名诗名画。

2.把开展社会主义核心价值观教育，与学生日常行为规范的教育结合起来。 要让学生懂得《中小学生守则》《中小学生日常行为规范》并不是一些凭空列出的条条框框，而是中华民族传统美德在学生学习生活中的具体体现。学校要持之以恒地对学生进行遵纪守法教育、理想前途教育、行为规范教育，教育学生要孝敬父母、尊敬师长、团结同学、勤俭节约、谦虚礼貌、诚实守信、言行一致。

3.通过课堂教学渗透传统美德教育，是一条重要的途径和方法。 任何学科的教材都有能挖掘传统美德的教育素材。如地理学科中中华大地的壮丽河山，语文学科中的古文名篇，历史学科中的民族英雄，数理化学科中的古代科学家、发明家等，都是取之不尽的教育内容。尤其语文学科具有最为丰富的传统美德因素，在语文教学中，通过文学作品中典型人物形象、感人故事、壮丽诗篇的讲读，可以陶冶学生思想、情操、道德、意志。

立德树人教育的课程设计：如诵读国学经典、开设文化课堂、完善六艺教育、知行合一活动、年节礼乐活动、游学交流等。

坚持开展中小学生爱国主义教育

爱国主义教育是一项基础教育。古今中外历来把爱国主义教育视为凝聚民族精神，动员和鼓励人民团结奋斗的一面最鲜艳的旗帜。世界各国无不重视对国民，尤其是对中小学生进行爱国主义教育。

国外开展爱国主义教育的一些做法

他山之石，可以攻玉。下面列举国外的一些好的做法，可以给我们一些帮助和启发。

美国不仅经济很发达，同时也非常重视在全国范围开展以爱国主义为核心的公民教育，树立"我们是美国公民"的思想。在美国，从幼儿园就开始讲星条旗的组成，让3岁的小孩都知道华盛顿是"美国之父"。知道南北战争，知道国家是怎样形成的，为此先辈们付出了多少代价。热爱国旗是爱国主义教育的重要组成部分，学校在升旗仪式时，学生都把手放在胸前，神情虔诚，庄严地念道："我效忠于国旗和美利坚合众国。"美国的中小学都开设历史课，学习历史故事、历史进程和历史理论。另外，学校凡是举行全校活动，哪怕是一场篮球比赛，第一个议程都是全场起立奏（唱）国歌，气氛热烈。因此，美国人的民族自尊心和自豪感都非常强。

法国政府对中小学生爱国主义教育侧重于对历史文化的珍惜与爱护。世界名城巴黎素有"世界艺术博物馆"的美誉，罗浮宫博物馆、蓬皮杜艺术中心、毕加索博物馆、雨果博物馆等都是世界闻名的艺术圣殿。这些国立博物馆都对中小学生半价或免费开放。参观博物馆是对青少年一种美的艺术熏陶。通过对伟大艺术家的瞻仰，感觉到文艺复兴时期法国优秀的民族文化，牢记国家的民族精神，更加热爱文化遗产丰富的祖国。

意大利政府把但丁作为民族英雄和爱国诗人大力宣传和颂扬。其著作《神曲》被定为各类学校的必读书。意大利教育部曾派出检查组到全国各地检查对但丁著作的教学情况。意大利政府规定对考古、艺术、民俗博物馆、名胜古迹、历史文物等，向18岁以下的中小学生全部免费开放。以加强学生热爱家乡、热爱国家的教育，收到了良好效果。

波兰对中小学爱国主义教育既很具体又便于操作。把爱国主义教育寄寓于所有课程的教学中。在波兰历史上孕育了哥白尼、居里夫人、肖邦等世界名人。这些杰出人物的业绩和思想始终贯穿在课堂教学之中。政府还特别重视利用各种纪念性的建筑物和纪念碑对中小学生加强爱国主义教育，定为爱国主义教育基地。学生反映说这些是看得见、摸得着的实实在在的教育，效果很好。在奥斯维辛集中营参观者中，有80%是青少年学生。他们参观后一致表示，永远不要战争，和平万岁。

丹麦重视历史人物在本国历史上的功绩，为之树碑立传，详载史册，设立纪念馆。学校经常组织学生前往参观，增强孩子们的民族自豪感。

坚持有效地开展爱国主义教育

根据我国的国情，针对当前教育的现状，学校应该怎样有效地对中小学生开展爱国主义教育呢？

一是重视对学生进行"两史一情"的教育。中国的近代史、现代史是一部遭受帝国主义侵略，日益沦为半殖民地、半封建社会的历史。毛泽东同志、邓小平同志都多次强调要用中国的历史教育青少年，教育人民。在中国改革开放总设计师邓小平同志的指引下，短短三十多年，我国的政治地位、经济增长、军事实力、科技水平取得了翻天覆地的变化，发展的速度比资本主义国家要快得多。一个沉睡多年的东方雄狮已幡然猛醒，党和国家选择的中国特色社会主义道路，前程将无限光明远大。

二是培养学生对中华民族悠久历史、卓越古代文明的自豪感。课堂教学是对学生进行爱国主义教育的主要阵地。语文、数学、历史、政治等学科都可以渗透我国的悠久历史和卓越的古代文明。

三是开展爱国主义教育要做到知与行的和谐统一。在系统性、层次性、传统性、制度性、机遇性、多样性等方面下功夫。

系统性：要打破各学科各自为战的惯例，加强学科之间的横向沟通，加强不同年级、不同学段的纵向交流，使中小学各学科涉及的爱国主义教育的素材系统化、整体化，使学生全面系统地掌握爱国主义教育的所有内涵。

层次性：青少年的认识能力、接受能力、思维能力是随着年龄的增长而增长的。注意层次性，就是要针对不同年龄、不同年级学生的特点选取不同的教育内容，采取不同的方式方法，力求生动、形象具体贴近学生的生活，才能收到最佳的教育效果。

传统性：就是要抓好重大纪念日教育、传统节日教育、英雄名人诞辰纪念日教育，抓好社会实践、参观革命传统教育基地，组织春游、秋游、夏令营等活动。

制度性：要重视每周的升旗仪式，国旗下讲话；使学校的团队活动、主题班会、红领巾共青团广播站、班级墙报都穿插爱国主义教育的内容，坚持不懈，切实有效地开展。

机遇性：要善于抓住一切机会，如向周围需要帮助的人伸出援助之手，在抗洪抗震活动中扶危济困，捐款捐物献爱心，开展"一方有难，八方支援"的教育。及时组织学生观看最新放映的爱国主义影片、电视剧等。

多样性：要做到专题教育与渗透教育相结合，外在教育与自我教育相结合，有形教育与无形教育相结合，学校教育与家庭教育、社会教育相结合。这样才能使活动丰富多采、有声有色、达到积极引导学生爱国的目的。

思想决定行动，行动也会指导思想。继承和发扬爱国主义精神，要体现在行动中。只有将爱国主义落实到日常行动中，才能让孩子心中庄严的种子生根发芽。爱国主义并不是抽象的、遥远的、可望而不可即的，而且可以具体到日常生活中的方方面面。身边的任何小事、小节、行为、习惯都能体现爱国主义的情操。把爱国之志化为报国之行，我们伟大祖国就会更加繁荣富强。

坚决治理校园欺凌和暴力

校园内环境好坏，关系到学生能否健康、快乐成长，关系到学生"三观"的形成。最近几年，校园欺凌现象比较严重。校园欺凌是指同学间欺负弱小及敲诈勒索等行为，校园欺凌多发生在中小学。欺凌过程，蕴藏着一个复杂的互动状态，欺负同学会对弱势同学带来心理问题，影响健康，甚至影响人格发展。

校园欺凌现象面面观

校园欺凌发生在学校校园内、学生上学或放学途中、学校的教育活动中。因老师、同学或校外人员蓄意滥用语言、躯体力量、网络、器械等，针对师生的生理、心理、名誉、权利、财产等对象达到某种程度的侵害行为，都是校园欺凌（暴力）行为。

校园欺凌的主要表现：校园欺凌不一定在校园内发生，放学后同学间的欺负行为也算在内。其主要表现为欺负弱小、欺负女生、欺负家境差或残障的学生，令其在心灵及肉体上感到痛苦。校园欺凌通常都是重复发生，而不是单一的偶发事件。有时是一人欺负一人，有时是多人欺负一人。通常欺负者不觉得自己不对，而且受害者怕事、默默承受而不敢反抗和告发欺凌者。因此，恶性循环导致受害者的身心深受煎熬。通常表现为：一是索要财物，不给就拳脚相加，威逼利诱；二是以大欺小，以众欺寡；三是为了一点小事大打出手，恶意伤害他人身体；四是同学间因"义气"之争，用暴力手段争长短；五是不堪长期受辱，以暴制暴等。校园欺凌还分为"硬欺凌"和"软欺凌"，如果拳打脚踢、拔刀相向是硬欺凌，乱起绰号、造谣污蔑等就是软欺凌，但软暴力对学生心灵的伤害，甚至超过了硬欺凌。受害者多表现为缺乏法律常识的人，且性格内向、懦弱，缺乏自信心，忍气吞声，可以委屈自己而顺从别人。欺凌者一般有强烈的好斗心理和过分要强心理，或者性格内向，压力长期累积不得释放，或者不听意见，逆反心理强，做事不考虑后果。

虽然法律并不是解决校园欺凌的最优途径，校园欺凌也不是中国的独有现象，而是世界青少年成长过程中普遍存在的现象，但是，我们依然要通过完善相关法律法规增强教育的惩戒力，对未成年人起到警醒作用，仍是不可或缺的方式。毕竟，通过必要的法律惩戒，才能对家长、教师和学校应担负的责任予以明确，从而将校园欺凌问题提升到全民重视的高度。

我们要了解校园欺凌的成因及危害，学会预防校园欺凌，掌握应对校园欺凌的方法及技巧。特别是要通过校园安全教育，提高学生自我保护能力；通过课堂讨论与交流，培养学生自主探究、解决问题的能力及合作交流能力。增强学生自我保护意识，树立正确的安全道德观念，关注他人的安全，培养其非欺凌情感及勇敢、机智面对校园欺凌的品质。

【事例 35】　校园欺凌暴力事件七例

（一）2017年4月11日，甘肃省庆阳第四中学发生了一起校园欺凌女生事件，几名男生共同猥亵一名女生，还当众脱下了女生裤子，并拍下图片在网上传播。虽然当地党委、政府高度重视，相关部门及校方及时进行调查处置，但已经给受害者造成了比较严重的身心伤害。

（二）2016年5月16日，一段校园暴力视频疯传，一名男生被一名身体强壮的同学殴打，踹倒在地后继续被踹胸部。不少学生围观，有的学生甚至嬉笑着说"别打他腮""再来一遍"。施暴学生因被同学起外号、怀疑受害同学向老师打小报告等产生不满，遂发生打骂现象。

（三）2016年5月14日，雯雯在济南市历城区某中学读初二，一直成绩优异、性格爽朗。但最近家长觉得女儿突然表现异常，再三追问之下，女儿痛哭流涕，说出自己的遭遇。大概在半个月前，雯雯因为跟同班一个男同学多说了一会儿话，就被该男生的女友和同伴羞辱、殴打。

（四）2015年6月10日，16岁的永泰县东洋中学初三学生黄某忍着剧烈腹痛参加中考，后向父母道出了一个4年多的秘密：自小学五年级起，他就经常被其他同学无故殴打。6月8日晚，小黄再次遭同班几位同学围殴，忍痛2天后，医生发现黄某脾脏出血严重，经手术切除了脾脏。

（五）2015年5月22日，安徽怀远县火星小学13岁的副班长小赐因为有检查作业、监督背书的权力，向另外6个孩子要钱。钱没给够，就逼迫他们喝尿吃粪。

（六）2015年4月8日，济宁邹城大律中学的初二女生小青，已经有一周时间不肯去学校了。在父母的追问下，小青终于道出了实情。小青被同年级的三名女生殴打，跪在地上自扇耳光长达一小时。不堪其辱的小青再也不肯回去读书了。

（七）2014年9月23日晚，陕西省延安吴起县中学发生了一起校园暴力事件，6名高二女生持刀威逼5名学妹脱光衣服集体猥亵。5名女生反抗，但被羞辱、殴打，她们用水果刀划女生胸部或用啤酒瓶猥亵，并威胁受害人不许告诉老师和家长。

坚决打击和防治校园欺凌暴力行为

李克强总理在2016年4月12日的国务院常务会议上强调："校园应该是最阳光、最安全的地方！"要求针对群众关心、社会关注的校园安全问题，有关部门要严厉打击涉及校园和学生安全的违法行为，特别是暴力犯罪。特别指出，要建立防控校园欺凌的有效机制，及早发现、干预和制止欺凌、暴力行为，对情节恶劣、手段残忍、后果严重的必须坚决依法惩处。有关部门要第一时间回应社会关切，及时公布调查结果，主动积极作为。

2017年3月11日，最高人民检察院常务副检察长胡泽君做客新华网两会特别访谈，与网友在线交流。其间，胡泽君就防治校园欺凌和暴力、未成年人保护等群众关心的热点话题做了回应。

近年来，青少年犯罪和校园欺凌事件频发，且呈现出低龄化趋势，严重影响青少年的健康成长。检察机关2016年在防治校园欺凌和暴力方面有诸多举措。

胡泽君表示，2016年，检察机关把参与防治校园欺凌和暴力工作，参加农村留守儿童关爱保护"合力监护、相伴成长"专项行动，开展"法治进校园"全国巡讲活动，作为加强未成年人司法保护的三项重点举措。

工作中，检察机关精心组织，认真落实，取得了较好效果。主要做法：

一是依法惩治严重校园暴力犯罪。2016年，全国检察机关批准逮捕涉嫌校园欺凌和暴力犯罪嫌疑人1180人，提起公诉2449人。批准逮捕教唆、胁迫、诱骗、利用在校中小学生违法犯罪的成年犯罪嫌疑人403人，起诉678人，监督公安机关立案8件18人。

二是切实加强对被害学生的权益保护和关爱救助。2016年，全国检察机关联合有关部门，共对被害学生进行司法救助148人、法律援助562人、心理疏导512人、身体康复338人。各地检察机关设置了具备询问、心理疏导等功能的未成年人案件专门办案区，探索建立一站式取证等适合未成年人身心特点的办案方式，避免因办案方式不当对未成年被害人造成"二次伤害"。

三是努力教育、感化、挽救涉罪学生。对于罪行轻微，属于初犯、偶犯，能够认罪、悔罪的涉罪学生，依法不批准逮捕798人，不起诉688人，为他们回归社会预留通道。坚持将教育、感化、挽救工作贯穿于办案始终，共对涉罪学生开展社会调查2733人、提供法律援助2514人。

四是与家庭、学校和社会形成防治校园欺凌的合力。上海、重庆、四川、吉林、山西等地检察机关探索开展相关法治教育工作，提高监护人的监护帮教能力。对于办案中发现的校园安全管理问题，检察机关及时提出检察建议，配合有关部门对校园周边环境进行整治。

校园本是静美之所，然而也染上了一些暴力、血腥。校园欺凌施暴者是孩子，而受害者也是孩子。如果任由这种校园欺凌事件发展，无疑会在青少年中间造成一种不良的暗示，邪恶比正义更有力量。这是相当危险的。

学生应当怎样预防欺凌事件的发生？

一是不"怕"。在遇到勒索、敲诈和殴打时不害怕，要敢于抗争，但要注意避免激发对方欺凌升级，导致眼前吃亏。

二是及时报告。在遇到勒索、敲诈等欺凌后，要在第一时间向学校、家长或警察报告。如果一味因害怕而忍气吞声，相反会助长对方的气焰，往往会导致新的勒索、敲诈和殴打事件的发生。

三是要有自我保护意识。学生要懂得什么是校园欺凌，多交"益友"，不交或远离"损友"。对已经受到暴力侵害的同学要安慰，不鼓动或煽动新暴力行为，互相谅解、互相包容，做一个健康阳光的学生，远离校园欺凌。

第六章
家庭是孩子社会化的
第一所学校

　　教育是一项全面的系统工程，其中，家庭教育是一切教育的基础。孩子出生后的第一所学校是家庭，第一任教师是孩子的父母。从时间上看，家庭教育就是一项终身教育；从空间上看，家庭教育对子女的影响无论是范围和深度都是其他学校教育无法比拟的。由于血缘关系和经济关系，家庭理所当然而成为孩子最直接、最可依靠的教育力量。因此，我们必须高度重视家庭教育，充分发挥家长在家庭教育中的重要作用。

家庭教育要采用正确的思想和方法

每一个家长，除了应了解家庭教育的重要性和必要性，还应该采用正确的教育思想和教育方法，摒弃错误的教育方法，比如溺爱、宠爱以及打骂教育等等。

溺爱让孩子懒惰、无能

改革开放以来，随着家庭物质生活逐步提高，对独生子女溺爱、偏爱、宠爱的风气也日渐盛行，年轻的父母对孩子的呵护也更加无微不至。许多父母把无限的爱都倾注到孩子身上。孩子的书包，妈妈代替收拾；孩子的铅笔，妈妈代替削尖；孩子玩过的玩具，妈妈代为整理收藏；被子，妈妈代为叠好；脏衣服，妈妈代为洗好；吃完饭，饭碗推到一边，妈妈代为洗干净；妈妈打好洗脚温水；做作业，妈妈在一旁陪着……孩子们就这样过着饭来张口、衣来伸手、养尊处优的生活。本来该他们自己做的事情，家长都代劳了，该孩子自己负的责任都由家长承担了。这种对孩子的溺爱是真正的关爱吗？答案是否定的。

宠爱孩子，对孩子的成长有百害而无一利。父母包办代替，势必造成孩子独立生活能力差，不能照顾自己；自我服务意识差，势必给今后的学习、生活带来严重的影响；孩子的懒惰与无能，也将带给父母悲哀与失望。

真正关爱孩子，必须吃透严与爱的辩证关系，才能让子女结益友、行善事，找准人生的航向。陈毅元帅在担任上海市长期间，曾与子女"约法三章"：要求他们穿土布衣，不坐公家的小汽车，办任何事都要严格按制度办。陈云同志任中央纪委书记时，也向亲属子女提出"三不准"：不准搭乘他的车，不准接触他看的文件，不准随便进出他的办公室。严格约束子女，至今仍传为美谈。

爱之越深，则需教之有方。明末思想家黄宗羲曾说："爱其子而不教，犹为不爱也；教而不以善，犹为不教也。"真正关爱子女，给子女留下的不是物质财富，而是精神财富。反观近年来落马的贪官，他们利用手中的权力，为子女大开方便之门，让他们在权钱交易中吸入黑金，甚至让子女收受贿赂，肆意挥霍，上演"贪腐父子兵"的悲剧。这不是为子女积福，而是为子女招祸。

"棍棒+粗口"伤害孩子身心

"棍棒底下出孝子"是中国延续了几千年的封建传

统家庭的教育思想和方法，打骂教育是中国传统专制家庭制度的残余。而现代家庭出现的打骂教育，很大程度是父母受到错误的教育观念所支配，他们相信"不打不成器""打是亲骂是爱""棍棒底下出孝子"的信条。

采用这种简单粗暴的教育方式的家长，大多文化程度不高，缺乏教育方法和经验，只从父辈那里传承了"简单可行"的方法。其实，这种教育方式非但达不到教育的目的，反而使孩子身体受到损害、摧残，心理上也遭受沉重的打击和创伤。表面上，打骂可以使孩子暂时克服自己不正确的欲望和控制不正确的行为，但不可能从根本上解决问题。有的孩子变得沉默寡言、心理闭塞、性格孤僻，严重的还会目光呆滞、反应迟钝，出现逆反心理。

采用暴力打骂孩子而产生的恶果也常见诸报端。如离家出走，上吊自杀，甚至家长失手致孩子死于非命。

打骂孩子是父母无能和缺乏修养的表现，它可能引起孩子的蔑视，大大降低父母的威信和向心力。作为父母，一定要防止打骂教育在自己的家庭出现。世界著名的教育家爱德华教授认为：父母的手应该充满关爱与温暖，而不是让孩子感到陌生和恐惧。

据调查，绝大多数家长打骂孩子是出于"恨铁不成钢"，实属无奈之举，但这种方法效果不好，又摧残孩子的身心，应该予以抛弃。

时代在变迁，家教观念也必须更新，父母管教孩子的方法也要变通。孩子年幼无知，分不清善恶好坏，家长一定要控制好自己的情绪，用理性的方法去管教好自己的孩子。当孩子做错事时，家长一定要耐心了解情况，冷静地倾听孩子的意见和想法，帮助孩子解决问题。多一分了解就少一分误解。一旦孩子真有不听话的时候，家长也要耐心细致地去教育和引导孩子，和孩子好好协商，好好谈心。即所谓"各退一步，海阔天空"。父母放下身段，不要总是在孩子面前保持威严，尊重一下孩子，也未尝不是好的教育方法。

关注孩子的异常情况

现在的家长，对孩子的期望值都很高，把孩子的学习成绩视为重中之重。平常除了照顾好孩子的生活，生怕孩子受冻挨饿，最重要的莫过于督促孩子的学习。

中国青少年研究中心进行了"中国中小学生学习和生活的现状与期望调查"，发现中小学生的父母对孩子的期望值过高，与现实严重脱节。83.6%的中学生父母要求孩子考试成绩在前15名，91.7%的父母希望孩子获得大专以上学历，其中54.9%的父母希望孩子读到博士学位。过高的期望值对孩子产生了很大的压力，父母对孩子的成绩、名次的要求决定了孩子的幸福和苦恼。

如何培养孩子的良好素质？概括地说：一是家长要具备饱满的热情。饱满的热情是做任何事情的基础。一个人如果缺乏热情，那么他做任何事情都不可能获得成功。二是父母要尽早发现孩子的天赋与才能，有意识去引导他们，鼓励他们具有迎接生活各种变化的自信。三是培养孩子较强的适应能力。孩子必须适应各种环境，具备较强的生活与生存能力。四是父母要经常关心他人、乐于助人，让孩子幼小的心灵懂得做好事、做善事。五是对前途充满希望。父母要经常教育孩子，"失败乃成功之母"，使孩子不畏挫折，让孩子能挺起腰杆，迎接各种困难和挑战。

家长一定要善于从异常现象中了解到孩子存在的问题，及时采取措施，防患于未然。下面叙述几种常见的情形：

一是任性问题。多数独生子女饱受溺爱，想要什么就要家长买什么。比如桌子上没有他喜爱的菜，就丢筷子大哭大闹，看电视时任何人都不能换台。任性行为助长孩子天下他（她）第一，什么都要听他（她）的，慢慢养成唯我独尊的不良品格。

二是厌学、逃学问题。每位家长都希望孩子成龙成凤，但令家长头痛的是，有的孩子对学习不感兴趣，成绩直线下降，甚至厌学、逃学，离家出走，以致出现严重的家庭教育问题。

三是骂人打人问题。如欺负小同学，碰到不合自己意愿的事，开口就骂，动手就打。这种坏行为的产生可以追溯到某些家庭的父母在教育孩子时惯用打骂、压服的方式，因而孩子也模仿父母去征服其他孩子。其次是受电视或游戏中的暴力画面影响，以暴力攻击征服他人，达到提高自己威信的目的，这种心态如得不到纠正，很容易导致违法犯罪。

　　四是自卑心理。自己认为在某些方面不如他人而产生的一种消极情感，也就是过低评估自己的能力。表现为课堂上不敢举手发言，一见陌生人脸就红，说话吞吞吐吐，时常感到焦虑不安，做任何事情都感到没有信心。自卑心理影响孩子的健康成长，其人际关系也处理不好。

　　五是相互攀比问题。学生间对生活的攀比较为严重，如比时装、比手机、比家居等。这种攀比实质上是虚荣心在作怪，当看到自己的东西不如别人的东西，就很不服气，发展到极端时，就想破坏别人的东西甚至偷窃别人的东西，严重时还会走上违法犯罪的道路。

　　六是逆反心理。孩子进入青春期，成人意识、自我意识大大增强，对父母不再样样顺从，而是要体现自我意识。如父母对孩子简单粗暴，伤了孩子的自尊心，就形成了逆反心理。又如父母对孩子失信，说话不算数，孩子觉得你不讲信用，也会产生逆反心理。此外，家庭关系不和谐，父子关系、母女关系紧张，都有可能产生逆反心理。逆反心理容易产生反叛行为，如离家出走、泡网吧、打群架，甚至盗窃抢劫，这是非常危险的事。所以，家长必须关注孩子青春期的异常表现，予以高度重视。

家长和孩子都要尊师重道

人民教师不仅是科学文化知识的传播者，而且是社会主义新一代继承人精神风貌的塑造者。中国古代的传统文化历来强调尊师重道，"天地君亲师"从道德准则保证了教师不可动摇的受人尊敬的地位。少年强，则国家强。少年强，教师功不可没。

【事例 36】 陶行知"四块糖"的故事

近代著名教育家陶行知先生"四块糖"的故事至今被传为美谈。有一天，陶行知校长在校园内看到一男生用泥块砸另一男生，当即制止了他，并要他放学后到校长室去。放学后，该生早早来到校长室门口等待挨训。陶校长走来，先给他一块糖，一边说："这块糖是奖你的，因为你按时到，我却迟到了。"陶校长又掏出一块糖放到该生手里，笑着说："这第二块糖也是奖你的，因为我不让你打人时，你立刻住手了，这就说明你尊重我，该奖！"该生惊疑了，睁大眼睛看着陶校长。接着陶校长又掏出第三块糖说："我调查过了，你用泥块砸那男生，是因为他欺负女生，你砸他说明你正直、善良，敢跟坏人做斗争，应该奖你啊！"该生感动极了，哭着说："校长，你打我两下吧。我错了，我砸的不是坏人，是我的同学啊！"陶校长满意地笑了，又掏出第四块糖递过去说："为你能正确认识错误，再奖你一块糖。我的糖奖完了，我们的谈话也该结束了。"

多么感人的一幕：陶先生没有训斥，更没有打骂，却让学生一步步地完成了对自己错误的认识，他用四块糖让学生认识了错误，又发掘了学生的四个优点：守时、敬人、正义和勇于认错。像陶校长这样辛勤、负责任的千千万万的园丁，难道不值得我们尊敬吗？

如何教育孩子尊师重道呢？家长要努力引导孩子与学校、老师建立感情，维护学校和老师的尊严。如遇到老师，要向老师敬礼问好；教育孩子认真听讲，遵守课堂纪律；老师家访时要热情接待。这些看来都是小事，却会在孩子心里留下深刻的印象。"滴水之恩，当涌泉相报""乌鸦有反哺之恩，羊羔有跪乳之德"，要让孩子从小懂得感恩。

家长要以身作则言传身教

教育家斯特娜夫人说："孩子是父母的影子。为了培养孩子的品德，父母的行为要自慎，应处处做孩子的表率。孩子好的行为或坏的行为都是父母教育影响的结果。"

作为家长，在日常生活中要严于律己，言行一致，说到做到，对自己制定的规矩和要求，自己首先必须做到，才能有资格做孩子的楷模。比如，我们要求孩子讲文明礼貌，先从接电话做起。听到电话响，拿起电话立刻说："您好！请问找谁啊？""对不起，请稍候。"这些文明语言，让人听了感到舒服。又如教育孩子不要讲粗口，不要骂人，自己就要率先垂范，带头讲文明语言，对人要彬彬有礼，孩子看在眼里，就会仿效。

家长要做尊老爱幼的表率。尊老爱幼是中华民族的传统美德，家长必须成为尊老爱幼的楷模。比如给爷爷奶奶端洗脚水，有好吃的给爷爷奶奶留一份，给爷爷奶奶生日送一点小礼物，唱一首歌给爷爷奶奶听等。教育孩子在大巴车、地铁上给老人家或儿童让座。凡此种种，都是弘扬中华民族尊老爱幼、助人为乐的传统美德，这是家长留给孩子的精神财富。

家长要做勤奋学习的表率。和谐家庭应该是学习型的家庭，少打麻将，少打游戏。家长应当勤于学习，善于思考，知识渊博，多才多艺。那么，这个家庭一定人人喜欢阅读，以读书为荣，以获得知识为乐，以有真知灼见为高尚。这个家庭必然是一个书香门第，是志趣高雅、其乐融融的幸福家庭。

【事例 37】 "手机"爸爸

2017年4月，某市一小学生写的作文《我的爸爸》，埋怨爸爸爱手机远胜于爱自己。不管是节假日还是平时，爸爸总是端着手机，有时玩游戏，有时看平台直播，有时同别人聊天。孩子一想接近爸爸，便被爸爸呵斥，更不用说爸爸能够拿出点时间，陪他学习或玩乐一下。

父母应该具有积极向上的人生理想，志存高远的人生态度，保持为人父母的基本原则，自信、自尊、自强，春风化雨，润物无声。这样，孩子才会以你为荣，天天向上。

我们通常所说的养成教育的内容十分广泛，包括生活习惯、学习习惯、文明礼貌、劳动习惯等。一个人的成长、成才是由多种因素决定的，而良好的习惯养成则是这些因素的重要基础。

培养孩子形成良好习惯的关键时期是幼儿、小学阶段。因为这个时期的孩子比较听话，好训练，容易养成好的习惯，尤其是小学一二年级，它是建立常规，培养良好习惯的最关键时期。如果错过了这个时期，效果就差多了。到了中学，尤其是孩子养成某些不良习惯以后，再培养就更难了。

美国行为主义学派代表人物拉斯里认为：一种行为重复21天就会变成习惯，90天的重复就会形成稳定的习惯。所以，孩子良好习惯的培养必须持之以恒，不可松懈，更不能三天打鱼、两天晒网。坚持训练，严格要求，就会有好的实效。

父母必须培养孩子自主、自立、自治的能力，从小学会穿衣、刷牙、吃饭的能力。父母自己要勤快，同时要教会孩子叠被子、洗衣服、扫地、刷马桶，学会买菜、切肉、炒菜、做饭的本领，还要教会孩子应急避险求生存的各种常识。如深圳市南山区南头城小学的一名小学生在家里煤气泄漏的情况下拨打110，并救下自己的母亲，成为全国小英雄。

习惯的培养与父母言传身教分不开，必须从小处做起，孩子一旦形成好的生活、学习、劳动、守纪、文明礼貌的习惯，就能逐步成长为一个独立、自信、有责任感、有应变能力、乐于学习、善于生活的时代强者。

习惯的培养是家风的延续。家风是一个家庭传承的优良风气。

【事例 38】 "潮州人好家风"李正容

2014年8月，广东汕头市评出"最受推崇的潮州人好家风"获奖者。获奖者之一李正容是我国第一位也是至今唯一的一位"女引航员"，曾带队参加全国第一届工人运动会，受到贺龙元帅的亲切接见。李正容讲，她的家风源于她的父母。外公十分重视家教，提出"五本"：忠孝乃立身之本、仁义乃齐家之本、勤俭乃起家之本、慈惠乃致富之本、宽恕乃保身之本。并将家中大厅定为"务本堂"。李正容的母亲林雪教育孩子要明事理、知对错，人生要做到"六要"：一要崇孝——孝始于事亲，终于报国；幼儿志于学，长而忠于事，进而立德、立功、立言，成为对国家、社会有用人才，此才是大孝。二要立志——志存高远，不为穷变节，不为贱易志，名节重泰山，利欲轻鸿毛。三要自强——苦其心志，劳其筋骨，饿其体肤，后于自立自强。四要诚信——一诺千金，言必行，行必果。五要重义——舍身取义、见利思义，以义为荣，以背义为耻。六要勤俭——克勤兴邦、克俭兴家。母亲把这份沉甸甸的家规和家训传给儿女们，将家庭建设成为知书达理的模范家庭。

李正容延续着父母品德，继续传播自家的品德、家风，她的三个孩子均学有所成，成为国家和社会的栋梁之才。第三代也很有出息，最小的孙子还是美国哈佛大学学生。李正容还常告诫孩子："乐不可极，乐极生悲；欲不可纵，纵欲成灾。"李正容身上，实实在在地体现了中华民族家教家风之美。

家规和家训，以及由此形成并传承下来的家风，是中华民族宝贵的精神财富。在今天，仍有重要的现实意义。让我们继续弘扬家规和家训，弘扬优良的家风，促进孩子们的健康成长。

下面，要在这里讲述一个反面的典型事例：

【事例 39】　亲生父母"出租"孩子"致富"

2017年3月，上海市青浦区检察院以组织未成年人进行违反治安管理活动罪对两名被告人向法院提起公诉。该案中，两名被告人带着一名7岁左右的小女孩在青浦区商店多次实施盗窃。经查明，这名小女孩是两名被告人租来的，而且是被自己的亲生父母出租出去的。

小女孩出生在湖南省道县的超生家庭。而在当地，超生存在着一种"外流盗窃"现象，即一部分超生家庭的亲生父母将孩子租借给他人去实施偷盗。当地的行情是，按天计酬，约一两百块钱，基本上已经形成一个产业链。当租借孩子成为一种犯罪产业链的时候，一些人通过这种方式"发家致富"，于是便引来更多家长效仿。

几年前，深圳公安机关查破的一宗3名中年人操控残疾儿童乞讨的案件中，被操纵的13岁男童就是操控者从2002年起以每年2300元的价格从安徽太和老家租来的。

中国人一贯注重家庭伦理道德关系，为什么会出现亲生父母靠"出租"孩子牟利的现象？盗窃团伙在幕后操纵多名儿童，同时教唆儿童犯罪，其亲生父母是否还可以继续担任监护人？这些都是值得我们深深思考的问题。

第七章
政府是教育改革的推动者
和青少年权益维护者

　　长期以来，以升学为目的的应试教育，以及学校教育中的角色化而非社会化，不利于青少年主动性的发挥和个性化人才的培养。因此，素质教育是我国当前基础教育改革与发展的必然趋势，政府也正在努力探索实施素质教育的方法与途径。同时，社会人文环境每时每刻都在影响青少年的成长。关爱青少年，保障青少年的合法权益，政府及全社会都要为青少年健康成长创造良好的条件。

素质教育任重而道远

国家教委在《关于当前积极推进中小学实施素质教育的若干意见》中明确指出，素质教育是以提高民族素质为宗旨的教育。它是依据教育法规定的国家教育方针，着眼于受教育者及社会长远发展的要求，以面向全体学生，全面提高学生基本素质为宗旨，以注重培养受教育者的态度、能力，促使他们在德、智、体等方面生动、活泼、主动地发展基本特征的教育。

素质教育的提出已有20年了。总的来说，它的理念和实践已经引起各级教育部门和学校的重视，发展的趋势正在亦步亦趋，前景是好的。但实事求是地讲，至今喜中有忧，仍暴露出诸多困惑、不足与缺陷。

应试教育是一种以考试为手段，以升学为目的，以分数高低论优劣的知识教育。中国的教育成果是巨大的，但从社会长远发展来看，它着重于知识传输，一定程度上限制学生各种潜能的发挥和全面素质的提高，难以为国家培养更多、更好的挑战未来的创新人才。

高考指挥棒还是独树一帜，如居高临下的一把利剑。一考几乎定终身。优质高中、名牌高校先行择优录取，从而导致市区之间、校与校之间、班与班之间、学科与学科之间、教师与教师之间，均以考试成绩论优劣，竞争异常激烈。

在学校层面，尽管教育主管部门三令五申地要求学校不公开高考、中考的成绩，不排名，但事实上每当中考、高考成绩揭晓，考试的结果毫无机密可言。各校的平均分是多少，排名的先后顺序，上重点院校的人数，上一本二本的人数，上重点高中的人数，学校、社会、家长个个心知肚明。

面临多方面压力的校长、校领导班子，哪有精力和心思去考虑如何推进素质教育。在制订学校发展规划时，往往都会把怎样打翻身仗，力争在下一年或今后几年的中考、高考时把保几争几作为目标。目标一经确定，学校在教师的备、教、改、导、考等各个环节上，加强监控，施压的终端最后都落在一线教师和学生的身上。

在家长层面，为了使孩子在激烈竞争的社会环境下，学习成绩优秀，顺利地考上重点中学和名牌大学，获得含金量较高的学历文凭，家长可以不惜人力和财力，倾注自己的全部心血和热情。家长都想把自己的子女送到重点小学、重点中学去就读。尽管教育部连续颁发有关文件实行小学升初中一律就近入学，但仍阻挡不了不少家长不惜重金在重点学校校区购置高价学位房，或者千方百计找关系、托门路挤进重点学校。

保障校园安全 净化校园环境

据媒体披露，近期网上传出"借贷宝裸条"压缩包，上百名大学女生因借款作为抵押的裸照、视频在网上泄露，有些女大学生尽管全部偿还了借款，个人资料仍被泄露，身陷"裸贷门"。"裸贷"已形成一条灰色产业链，衍生出"肉偿还款"和"裸条"信息售卖等"盈利"方式。

"花明年都挣不来的钱，圆今天的虚荣荒唐梦"。"裸条借贷"是高利贷团伙通过一些网络借贷平台向大学生提供"裸条放款"。"裸条贷"的借款人一般为女性，她们以手持身份证的裸体自拍照及视频替代借条抵押给放贷人。

【事例 40】 "献身裸贷"的背后

据楚天都市报发布题为《武汉女大学生裸贷5000元滚成26万元，裸照被发到父亲手机上》的报道，引起舆论对女大学生裸贷的关注。

小周20岁，是武汉一所职业技术学院大二学生，每个月生活费1000元，时常感觉不够花。

2016年10月，她向裸贷业务员借了5000元，扣除审核费、照片保密费等费用，小周拿到手的钱其实只有2750元。

按照约定，贷款一周内还清，否则每周要付利息287元，直到钱还清为止。单靠生活费显然是不够的，小周不敢告诉父母，只好找朋友们借钱，但最后也没人可借了。

在业务员的介绍下，小周加入了一个借贷QQ群，找别的借贷平台借钱还债。半年以来，她总共找了30多家借贷平台借钱，去掉手续费，她拿到手的本金共8万多元。但这些钱算上利息，她总共要还近26万元。

过年期间，小周关掉了手机，与外界断了联系。春节过后，债主依旧联系不上她，给其通讯录群发了催债短信。父亲周先生这才知道孩子欠了钱。

无奈之下，他分两次凑了近4万元给女儿，嘱咐她赶紧将钱还了。4月3日，裸照发到手机，周先生彻底崩溃了。他没想到，女儿竟然还欠钱。同时收到裸照的，还有女儿的姑姑、姨妈和同学。她这次才跟家人彻底坦白，欠下的本金和利息共有26万元，加上父亲帮忙还的，总共已经还上了近16万元，还欠10万余元，大部分是以裸照作为担保的。

而这一切的起因，都是为了最初的一笔5000元借款。她说，其实后来借的钱，她基本没花过，全花在了还债上。因有同学收到了裸照，她觉得没有颜面再待在学校，也担心讨债者找上门，小周和父亲一起，离开了湖北，到上海陪父母一起打工。

周先生称，他有两个孩子，还有一个儿子才9岁。夫妻俩在一家塑料厂打零工，两个人加起来，每月收入6000多元。对于剩下的10万元，他实在无力偿还了。

小周学校相关负责人介绍，事发后，该校老师陪同小周到派出所报警，并安排知情学生配合公安机关调查。小周暂时不愿意上学，学校对其进行了心理辅导，并提出可先休学，待风波平息后再回校上课，其家人还在考虑。

关于女大学生裸贷，媒体及网友的看法："裸贷"事件揭示出的其实是一个残酷的社会现实，对于照片里的年轻女性们来说，"穷"的无尊严感已经远远超过了"裸"的无尊严感——这种感受才是促使她们可以为了几千元钱，就押上全部隐私与关系网的真正原因。

人民网评论摘录：消费主义的抬头是女大学生"献身裸贷"的主要原因。追求体面的消费，渴求无节制的物质享受和消遣，不少女性已将这些当作生活的目标和人生的价值，即使面临周利息高达20%的贷款，女大学生也不惜以身试险。

《中国青年报》评论摘录：她们以为，拍裸照、出卖性，"对自己没有什么坏处，又不会少一块肉"，实际上，这意味着她们的心理、价值观、人生信息都将发生扭曲，就像分岔路一样，从此走向不同的轨迹。

还有网民评论，为什么一些女大学生会为了一两千块钱，就去整什么裸贷？还有的为一千来块钱搞高利贷，这不是蠢，是单纯幼稚。还有为超前消费，竟然网贷一家又一家，最后利滚利还不起了。

如果真的是因为一两千块钱，严重影响学生的生活和学习，政府、学校、家庭和银行是否能建立一个学生临时困难小额贷款联动机制，合理解决学生经费急难问题。

2017年4月10日，银监会已开始出手整治校园借贷，提出禁止向未满18岁的在校大学生提供网贷服务。网络借贷信息中介机构不得将不具备还款能力的借款人纳入营销范围，禁止向未满18岁的在校大学生提供网贷服务，不得进行虚假欺诈宣传和销售，不得通过各种方式变相发放高利贷。

各级政府和相关部门在净化校园周边环境中担负着"守土有责"的职责。因此，对危及校园及周边环境的偷盗、诈骗、抢劫、伤害等治安刑事案件，当地公安部门应在学校安保部门的协助配合下，优先立案，设立专人专案负责制，限期侦破，并在校园周边事故多发段增设治安岗亭和报警点，加大警力、增加警种、加强巡逻，最大限度地整治安全隐患。

担任学校法制副校长的警官要定期对学生进行法治安全宣传教育，增强广大学生法治观念和安全防范意识，并以此积极推进"警校共建"工作。

城管、工商执法部门要对学校周边违章建筑、无证经营或存在安全隐患的旅馆、租赁房、游乐场所、食品摊点等加强管理、监督，及时依法整顿规范。

工商、文化部门要大力整治文化娱乐市场，对无照、违法、违规经营的歌舞厅、录音厅、酒吧、电子游戏厅、网吧、非法出版物销售点等依法整改或取缔。严厉打击黄、赌、毒等社会丑恶现象。

卫生部门应联合工商城管部门对学校周边饮食、餐饮摊点经营资格、食品卫生条件和进货渠道严查细管。坚决打击制售不合格食品、饮品的行为，保障学生餐饮安全。

交通部门应协调城管、环保等有关部门及时完善学校门前和周边道路交通安全设施和监控设备，对学校加强周边道路的交通秩序管理，从严查处非法经营、超员超速、闯红灯等严重交通违法行为，及时整治机动车违规占道、乱停乱放等堵塞交通现象，对接送学生车辆的安全技术和驾驶人资格严格审查，坚决消除安全隐患，保障学生人身安全。

李克强总理强调，强化校园安全风险防控要管理到位，也要管理有方，不能因噎废食。他说："我听说有些学校怕发生事故，就把户外活动、体育课都取消了，春游也不敢组织。这是走极端。安全风险该防范的要防范，但健康体魄该培养的要培养，不然孩子成了温室里的花朵，将来会缺乏竞争力。"

为青少年健康成长创造良好社会环境

社会人文环境对青少年的成长，影响是巨大的。政府可以开展一些活动，成立一些社会组织，为青少年健康成长创造良好条件。

1. 多举办一些"好人"评选活动，用普通人的榜样行为影响社会。

2. 引导、规范族群和传统仪式活动。如深圳市蛇口街道的"开丁节"、祭拜、加冠礼等，利用族群、传统礼仪文化中的积极因素，引导、规范未成年人优秀道德的养成。

3. 大力开展社区活动。如邻里节，加强邻里之间沟通，消除隔膜，营造和谐社区。

4. 鼓励青少年成立兴趣社团。政府为社团开展活动提供支持，用健康的文化生活丰富学生的课外空间。

5. 举办一些未成年人喜欢或易接受方式的思想道德教育主题活动。如微电影、动漫、辩论赛等。

6. 办好四点半学校，增加网点，提升质量，形成规范。

7．依法取缔和坚决打击"黑网吧"。确保所有中小学校、幼儿园周边200米内没有经营性网吧和电子游戏厅。

8．经常性开展文化市场整治活动。严把书刊、音像、儿童玩具的进货、销售、监管和处罚等关口，坚决查处含有有害内容的游戏软件产品、网络游戏和宣扬色情、暴力的玩具、饰品等。

9．严格管理学校周边的个体商贩。坚决取缔经营无卫生检疫、无生产厂家和无出厂日期的小食品的商贩。

10．加强对青少年活动中心、妇女儿童活动中心等活动场所的建设和管理，持续开展有益于青少年身心健康的各项活动。

11．教育主管部门应认真清理课外辅导教材，切实减轻中小学生课业负担，保证未成年人的休息和运动时间。

12．实施家长教育工程，开办家长学校。邀请青少年教育专家授课，帮助提升家长现代教育知识和能力。

13．表彰在学校、家庭、社区青少年教育方面的好典型。

值得注意的是，在资讯发达的今天，大众传媒对社会的影响是全面而深刻的。主管部门、经营者和传媒人，都应该肩负起重要的社会责任，为青少年营造良好社会环境，促进社会和谐发展。

政府要有力监管各类传媒，尤其是互联网传媒。大众传媒不能片面追求自己的经济效益而罔顾自身的社会责任，追求轰动效应，为炒作而炒作，一味搜集、刊登、播发各类事故和极端案例，绞尽脑汁地设法制造一些对社会不负责任的新闻。对灾难新闻的报道，要注意角度，不能幸灾乐祸而丧失起码的同情心。不要过分热衷报道名人影星的隐私，媚俗捧星。对犯罪案件，尤其是未成年人刑事案件的报道，要避免刻意渲染抢劫、凶杀的作案手段和血淋淋场面。不要因为猎奇而违背科学常识，宣扬伪科学、反科学的东西。

政府要鼓励企业家参与青少年教育工作。现在，有很多青少年崇尚"老板"，有一些青少年立志要成为"老板"，但这个"老板"的概念，对于青少年来说是比较模糊的。企业家是市场经济社会的精英，也是大众眼中的成功人士。他们的社会地位和榜样作用是毋庸置疑的。要为企业家搭建传播正能量的平台。如优秀企业家校园宣讲联盟、企业家公益事业巡展等。企业家不仅要带领企业创造经济效益，遵纪守法，还要担负起相应的社会责任，并抽出一些时间和青少年一起参与社会公益活动。

司法机关要积极探索预防未成年人犯罪、犯错的机制，做到预防在先，教育为主，惩治需利于挽救。对孩子施暴的家长要及时给予教育，对触犯法律的要坚决依法处理，对社会上发生的侵犯未成年人合法权益的事件，必须予以坚决打击。

公安机关、人民检察院、人民法院办理未成年人犯罪的案件，应当照顾未成年人的身心特点，并可以根据需要设立专门机构或者指定专人办理。公安机关、人民检察院、人民法院和少年犯管教所，应当尊重违法犯罪的未成年人的人格尊严，保障他们的合法权益。对审前羁押的未成年犯罪嫌疑人，应当与羁押的其他犯罪嫌疑人分别看管。对经人民法院判决服刑的未成年人，应当与服刑的成年人分别关押、管理。十四周岁以上不满十六周岁的未成年人犯罪的案件，一律不公开审理。十六周岁以上不满十八周岁的未成年人犯罪的案件，一般也不公开审理。对未成年人犯罪案件，在判决前，新闻报道、影视节目、公开出版物不得披露该未成年人的姓名、住所、照片及可能推断出该未成年人的资料。人民检察院免予起诉、人民法院免除刑事处罚或者宣告缓刑或者服刑期满释放的未成年人，复学、升学、就业不受歧视。以上这些规定，要在全社会广泛宣传，落到实处。

司法机关在办理未成年人案件时要人性化，要建立法官或陪审员帮教机制，要充分保护未成年人隐私，在传唤审讯等环节，一定要避免对其造成伤害。对已经触犯法律的未成年人，要依法惩戒，以警戒、教育其他未成年人，但也要有利于其成长。要加强对未成年人法治精神教育，培养他们对法律的敬畏。为此，可以组织未成年人到法庭旁听，模拟"少年法庭"，到看守所、监狱参观。未成年人思想道德养成，关键是构建其是非观，法治精神就是构建是非观的基础。一个合格的公民必定是一个敬畏法律、遵守法律的社会人。

关爱青少年中的弱势群体

　　随着我国经济社会的发展，城市化步伐的加快，以及农村剩余劳动力的转移，农村留守儿童问题日益凸显，成为全社会关注的焦点。最高人民检察院常务副检察长胡泽君在回答检察机关开展农村留守儿童保护情况及未来需要加强哪些工作时表示，农村留守儿童和其他儿童一样是祖国的未来和希望，需要全社会的共同关心。

　　坚持依法严厉打击侵害农村留守儿童的犯罪活动。2016年，检察机关批准逮捕此类案件1648件1986人，起诉2151件2663人。

　　加强对涉罪农村留守儿童的教育、感化、挽救。如山东省威海市检察机关实施了"旭日工程"，有针对性地对涉罪留守儿童开展案后跟踪回访，帮助他们顺利回归学校、社会。

　　积极对被害农村留守儿童进行关爱救助。四川省检察机关在办理赵某某强奸留守儿童刘某某一案时，发现被害人刘某某家庭生活非常困难，而被告人赵某某又无力对被害人进行赔偿，就协助被害人申请国家司法救助金2万元。对于监护人侵害未成年人权益案件和监护缺失的情况，检察机关还依法建议、督促、支持有关部门和个人提出转移监护权诉讼。

2016年，各地检察机关加强与政府部门、社会组织等社会力量沟通配合，共同做好留守儿童保护工作。如河南省检察院与省民政厅会签《关于加强农村留守儿童司法保护的意见》，制定了八项措施加强对农村留守儿童的司法保护。

留守儿童的安全情况及存在问题：留守儿童是身心安全方面受侵害的最大群体。一是由于不具有安全防范意识和自我保护能力，遭受他人的人身侵害。留守儿童往往自我保护能力不强，加之家庭、学校及社区缺乏对其有效保护以及性安全防范意识的教育，留守儿童遭受他人侵害和意外伤害事件（例如溺水、交通事故、烫伤等）明显增多。二是由于安全知识以及自救能力所限导致的意外伤害。学校缺乏相关的安全教育，监护人也缺乏相关安全知识传授，很难帮助留守儿童进行有效预防。三是由于得不到及时到位的照顾以及必要的情感支持产生的安全问题。留守儿童心智尚未成熟，最需要亲情的庇护、社会的关爱。但他们常常感到脆弱、无助、孤独，无人理解，且容易受到伤害。有的留守儿童因为得不到及时疏导会离家出走甚至有轻生想法，由于情感支持缺位，容易与社会上不良人员来往，受不良风气的影响，被别有用心之人利用，甚至走上犯罪的道路。

虽然目前留守儿童工作取得了一些成绩，但是受政策制度的制约，人员经费的限制，以及家庭教育观念等因素的影响，还存在较多的问题和困难。诸如家长家庭教育责任缺失，家庭教育观念偏差，知识缺乏，方法不足；代理家长陷入两难境地，年龄大的精力和能力不足，有的还要留守儿童反照顾；寄养的代理家长怕受埋怨，分寸不好把握；学校撤并，一些留守儿童不能在留守地上学，寄宿制学校紧缺，产生流动留守儿童；留守儿童管护中心设备陈旧，使用率低；寄宿制学校床位紧缺，校车数量有限，路线规划不尽合理；学校缺乏专业心理、生活教师和校管人员；共青团、妇联、关工委等群体组织之间沟通协调的工作机制尚未形成，开展留守儿童工作缺乏资金；企业、公益组织的帮扶缺乏连贯性、帮扶渠道有限、帮扶方式单一等。

解决农村留守儿童问题，具有长期性和复杂性的特点，各级政府及全社会要对"留守儿童"真正负起责任，让每一个留守儿童都能感受到政府及社会的关爱和保护。

同时，政府及全社会还要关爱过早进入社会的其他未成年人。注重关心不同性别、不同年龄阶段、不同境况的特殊未成年需求，采取多种有效措施，共织关爱保护网，切实做好关爱与保护工作。

【事例 41】 利用迷信等奸淫社会上的未成年人

2017年3月24日《华商晨报》报道，一个星期的时间里，17岁女孩小赵分别被两名男子强奸，两名男子因强奸犯罪均已获刑。

2015年秋，一名36岁的男性网友给小赵算命说她有病，之后谎称给她治病，强行与她发生性关系。另外一名50岁的男子经网友介绍，帮她找工作，趁她喝醉强行跟她发生性关系。

36岁的沈阳男子李强和17岁的沈阳女孩小赵是在网吧上网时认识的，之后在现实中见面，从网友变成朋友。

小赵回忆，李强给她算了事业、生命和婚姻，说她事业不行，活不过24岁，婚姻里还有三道坎。李强还说，她命里贵人是李强，离开的那个朋友是她身边的小人，还说她身上招东西，改天给她买个符纸。"他说我身上有病，他能治，问我愿不愿意治，我问他怎么治，他说得和我发生性关系，我不同意。"虽然小赵没同意，但李强还是强行跟她发生了性关系……男网友继续给她画符治病，第二天又强奸她一次。

在这个宾馆里，小赵还认识了一个"叔叔"，并让这个"叔叔"给她介绍工作。于是，这个"叔叔"把她介绍给了50岁的男子刘刚。刘刚自称是派出所的协警，可以给小赵介绍工作，两人见面后还聊了找工作的事情。

2015年12月8日，小赵和她的朋友以及刘刚一起买了东西，到刘刚家中吃饭喝酒。刘刚发现喝醉的小赵仍在睡觉，便强行和她发生了性关系……

2016年9月10日，法院开庭审理此案时，李强和刘刚都承认，他们知道小赵只有17岁，但也都表示，他们在跟小赵发生性关系时，小赵是自愿的，没有进行反抗。李强还承认，他并不会算命画符什么的，就是为了强奸小赵，他给小赵画符时嘴里嘟囔的什么，他自己都不知道。刘刚也承认，自己根本不是派出所的协警。当晚他喝酒后，想强奸小赵的朋友，但小赵的朋友不同意，后来他就把小赵强奸了。

【事例 42】　自闭症少年的不归路

《新京报》报道，雷文锋15岁，患有自闭症。2016年8月8日走失，12月3日死亡。12月14日被父亲找到。

他的父亲没有想到，儿子从深圳的住所走失后，会一路向北，离开深圳，经过东莞，抵达韶关；他将要和此前从未接触过的人打交道，他们来自于医院、派出所、救助站、托养中心……他更没有想到，儿子此刻走上的路，是一条通往死亡之路。

雷文锋是个胆小、安静的孩子，从不单独出门，也不和陌生人说话。父亲偶尔鼓励他下楼买包盐，他也不敢去。

一份《公安机关护送流浪乞讨人员交接表》显示，

2016年8月15日上午8点10分，雷文锋晕倒在东莞万江汽车客运总站的肯德基门口，路人打电话报了警。

在雷文锋入站登记的《求助人员救助申请表》上，他的出生日期被填为1991年，这比他的实际年龄大了9岁。雷文锋晒得很黑，个子有将近一米七，还蓄着小胡子，样子看起来"很成熟"。工作人员问不到确切信息，就进行了大致的估算。这个大致的估算让雷文锋失掉了"未成年人"的身份，也导致了他的命运再一次发生转折。

2016年10月19日，雷文锋被送往韶关市新丰县练溪托养中心。入住托养中心一个多月后，11月24日，雷文锋被送往新丰县人民医院。每日巡查时发现，雷文锋进食很少，一碗米饭只能吃三分之一，而且吃得越来越少，到了医院三四天后来就彻底不能吃饭了。而雷文锋平时饭量很不错，白米饭能吃两碗，还喜欢吃肉，1.68米的个头，体重将近130斤。

一位三甲医院医生告诉记者，雷文锋可能患了伤寒，伤寒死亡最常见的原因是肠穿孔、肠出血。简单地说，就是肠子烂了出血，造成全身感染性休克，雷文锋很可能就属于这种情况。

这个事例提醒我们，尽管有比较健全的各类救助机构，但是，如果医院、派出所、救助站、托养中心……其中任何一个环节，责任缺失或敷衍了事，就会对未成年人造成较大伤害，甚至于让未成年人付出生命的代价。

另外，深圳是改革开放的先驱城市，人员构成比较复杂。不同青少年群体的成长道路可能完全不同。我们要更多关注外来工子女的教育、单亲子女的教育，以及残疾青少年的教育。

一是外来工子女教育。

外来工子女的健康成长，成为深圳市未成年人思想道德建设工作中遇到的迫切而棘手的问题之一。

首先，开展扶贫帮困活动及"进城务工人员关爱行动"。如努力解决外来工子女入学问题，减轻外来工子女教育费用负担，积极改造外来人员聚居点周边环境等，让广大外来人员享受"市民待遇"。

其次，通过举办形式多样的活动，丰富外来工子女的暑期生活。政府和教育部门把外来工子女教育作为一项重要任务，摆在突出位置，坚持常抓不懈。如组织外来工子女看望社区孤寡老人、参观有意义的纪念馆；请片区民警对外来工子女进行未成年人道德与法制宣传、教育等。

二是单亲家庭子女教育。

据统计，目前深圳市离婚率达36.25%，在全国大城市中排名第3位。由此和其他一些原因产生的单亲家庭子女数以万计。单亲家庭的孩子往往表现出孤傲、不合群、逆反、脆弱等心理特征，思想教育的难度相对较大。

第一，强化单亲家长的责任意识。调查表明，有些单亲家长面对离异或配偶亡故的痛苦，难以自拔和振作。这种消极的情绪很容易传染给子女，也容易制造出一种压抑、悲观的家庭气氛，这对子女成长十分不利，也是家长责任意识缺失的表现。

第二，不能对单亲孩子娇惯溺爱。原有家庭解体，单亲家长总觉得对不起孩子，更容易对孩子娇惯溺爱，用更多物质上的东西满足孩子作为补偿。

第三，要把更多的关心转向单亲孩子精神和心灵交流。作为单亲家长，对孩子关怀备至，百般照顾全没错，但不能使单亲家庭子女在经受了家庭解体的第一次伤害之后，又遭受性格、情绪发展障碍的"二次伤害"。单亲家长可以在物质方面对子女保持适度满足，且要把更多的关心与交流转向精神和心灵方面，维护子女健康心理和良好个性的发展。

第四，培养单亲孩子的独立性。家庭遭受变故，失去父母中的一方，会过早体会到人生变化的痛苦，但同时也给他们提供更多锻炼自我的机会。我们在调查中曾接触到一名优秀的单亲家庭女学生，该生平时自己做饭，还要照顾生病的母亲，寒暑假在外打短工，不但没有意志沉沦，反而更加奋发图强。

第五，重视对单亲子女的性别角色教育。在家庭教育中，父亲和母亲的角色对子女的影响作用是不同的。父亲角色代表着独立性、自信心、社交能力、智力发展和设身处地为他人着想等方面；母亲角色则代表着抚爱、谦虚、举止规范、认真细致、严于律己等方面。而在子女心灵成长的过程中，两个角色都是需要的。单亲家庭所面对的难题是双亲给子女的营养失偏了。比如，自小缺乏父爱的男孩多半孤僻、胆怯、吝啬，形成某种性情扭曲；而女孩多半则缺乏与异性交流的训练，长大后往往冷漠、拘谨、阴郁、沉默寡言，缺少与异性相处的能力。因此，作为单亲家庭的家长要有意识地改变角色，调换位置去亲近孩子。同时，单亲家长还应调动亲戚、朋友给子女适宜的影响，让其性别角色得到充分的表现和发展。

三是残疾未成年人教育。

深圳市作为改革开放的前沿重地，改革开放30多年来，特别是近20年，残疾人事业有了长足发展。特别是对盲、聋、智残三类残疾儿童实施了特殊教育，入学率有了很大的提高，但仍然存在一些问题，需要政府及全社会关心帮助。

第一，要让残疾学生能够正视自己的生理残疾。一个心理健康的残疾学生，对自己会有比较全面的了解，并且能够接纳自己的身体缺陷或缺点。

第二，培养残疾学生认知、掌握技能的能力。从自己实际情况出发，不断学习，努力提高自己的能力，发挥自己独有的技能。要充分挖掘残疾学生的闪光点，让他们发现自己的优势所在，避免自卑心理，从而对生活充满信心。

第三，培养残疾学生的人际交往能力。帮助他们调适与周围的人际关系，尊敬教师、长辈，对比自己还困难的人给予同情、尊重、爱怜和热心帮助。

第四，培养残疾学生自律能力。树立道德和法制观念，遵守社会公德，遵守学校纪律，个人服从集体，能控制自己的行为，成为爱国爱家爱校的优秀学生。

结　语

一

　　150多年前，英国道德教育家塞缪尔·斯迈尔斯出版了一部影响深远的不朽著作《品德的力量》。书中援引宗教改革家马丁·路德的话说："一个国家的命运，不取决于它的国库之殷实，不取决于它的城堡之坚固，也不取决于它的公共设施的华丽，而在于它的公民的文明素养，即在于人们所受的教育，人们的学识、开明和品格的高下，这才是生命攸关的力量所在。"这句话给我们的启示是十分深刻的。当我们以信心十足的眼光注视祖国未来的时候，我们不能不把焦点聚集在青少年的道德品质上。无论是谁都会意识到，青少年的健康成长，将预示着中华民族会面临一个光辉美好的未来。

　　当今，我国青少年身心发展的主流是健康向上的，社会主义核心价值观正在发挥着引导作用。他们思想活跃，视野开阔，知识面宽，兴趣广泛。他们中的佼佼者，必将成为中华复兴的脊梁。我们高兴地看到，八零后、九零后的年轻人已经成为或者正在成为各个领域的中坚和骨干。但是，随着社会的转型与变迁，青少年的成长环境发生巨大的变化，青少年在成长中遇到越来越多的问题。特别在人格塑造和道德生成领域，问题的严重性也足以令人忧虑和不安。正如《中共中央国务院关于进一步加强和改进未成年人思想道德建设的若干意见》中指出："我国社会主义市场经济的深入发展，社会经济成分、组织形式、就业方式、利益关系和分配方式的日益多样化，为未成年人的全面发展创造了更加广阔的空间，与社会进步相适应的新思想、新观念正在丰富着未成年人的精神世界。与此同时，一些领域道德失范，诚信缺失、假冒伪劣、欺骗欺诈活动有所蔓延；一些地方封建迷信、邪教和黄赌毒等社会丑恶现象沉渣泛起，成为社会公害；一些成年人价值观发生扭曲，拜金主义、享乐主义、极端个人主义滋长，以权谋私等消极腐败现象屡禁不止等，也给未成年人的成长带来不可忽视的负面影响。互联网等新兴媒体的快速发展，给未成年人的学习和娱乐开辟了新的渠道。与此同时，腐朽落后的文化和有害信息也通过网络传播，腐蚀未成年人的心灵。在各种消极因素影响下，有一些未成年人精神空虚、行为失范，有的甚至走上违法犯罪的歧途。这些新情况新问题的出现，使未成年人思想道德建设面临一系列新课题。"正视这些问题，分析好解决好这些问题，特别是努力寻求青少年成长的规律，有针对性地提高青少年的思想道德水准，正是我们的任务。

当前我国正处于社会转型期。社会转型，亦称社会变迁。社会变迁是一切社会现象发生变化的动态过程及其结果。按照社会学的定义，是指"社会互动和社会关系所构成的社会结构里的结构与功能的变迁，这种变迁可能发生在个人生活，也可能发生在团体、社会或全人类生活里，它可能是行为方面的改变，但也可能是文化和价值体系方面的改变。"

我国改革开放以来所出现的社会转型主要表现在如下几个方面：一是指体制转型，是从计划经济体制向市场经济体制的转变。二是指社会结构变动，人们的行为方式、生活方式、价值体系都会发生明显的变化。三是指社会形态变迁，中国社会从传统社会向现代社会、从农业社会向工业社会、从封闭性社会向开放性社会的社会变迁和发展。社会体制、结构和形态的巨大变化，将为青少年提供与传统社会完全不同的成长环境。这其中，对青少年成长影响较大的因素是社会价值观的多元化与现代化。改革开放以前，社会主流的价值体系是明确、简单而统一的，实现美好的共产主义，是全国人民的奋斗目标和衷心期盼。"人人为我，我为人人""无私奉献""向雷锋同志学习"曾经是全社会的共识。而今天，随着思想解放的不断深入，随着市场经济的日益成熟，随着全球化浪潮的强力冲击，整个社会的文化精神氛围和人生价值体系也发生巨大的改变。业已形成的多元价值观对青少年的成长必将产生深远的影响。

二

在多元价值观影响下成长起来的孩子们更具活力。新的时代培育了当今青少年鲜明的个性和独立人格，多彩的世界使他们有着更为宽阔的视野，充满竞争的社会强化了他们的主体意识，一个更为开放的世界振奋了他们自我实现的精神，从而能承担起民族复兴的大任。但是，在社会多元价值观的大环境下，青少年的成长也遇到了前所未有的挑战与困境，主要表现在以下方面：

中国的传统道德是以人伦、等级、义务、和谐和修身为主导。在经济转型期，传统道德形亡而神在，现代道德形立而神虚。人们一方面被新生活所诱惑，一方面又被旧心态所桎梏，陷入了无法回避的道德困境。

首先是道德价值的困境。所谓道德价值，是指道德主体对自身行为的合理性、正义性、崇高性的理解和体验。在市场经济"理性经济人"的诱导下，崇高可能被功利所蚕食。

其次是道德选择的困境。何者为荣，何者为耻？何者为善，何者为恶？何者为洁，何者为污？何者为美，何者为丑？何者高尚，何者卑鄙？原本界限非常清楚，现在受转型时期多元价值观的影响，有些人甚至不再为自己每一种行为去找合理性。任何一种选择都可能只受到一种价值观的文化支援、肯定、赞扬，而又受到另一种价值观的否定和攻击。

第三，社会道德控制机制的迟滞低效。社会容忍度大幅上升，对非道德行为的舆论压力明显下降。由于恻隐之心的缺失和看客心态的泛化，较难形成惩恶扬善的社会氛围，导致人们良心自律的贫弱。上述问题共同作用的结果是非道德主义泛滥。在社会道德、职业道德、家庭道德等各个领域，道德失范现象屡见不鲜。青少年对此耳濡目染，影响他们道德意识的生成。

三

关于独生子女成长困境问题。20世纪70年代末，我国实施人口计划生育政策。政策有效地控制了人口增长，同时造就了数以千万计的独生子女。这就是被人们称为"新新人类"的八零后、九零后和零零后。

30多年来，独生子女的成长遇到了前所未有的问题。比较突出问题是孩子容易产生心灵的孤独感。孩子的健康成长，特别是其幼年期的心理发育，需要一定的条件。失去了一定的客观环境条件，孩子幼年期的心理发育便会受到一定的影响。比如说，孩子在其幼年期的心理正常发育，需要有与其年龄相仿的孩子一起运动、玩耍的生活体验和情感交流，这样才有利于孩子产生童心的共鸣，相互促进，保证身心的健全、健康发育。而独生子女由于无兄弟姐妹，在家庭中就缺少小伙伴，整天只能与成年人特别是年长的祖父母或外祖父母生活在一起。

在城市里，邻里关系一般不亲密，来往较少或很少，尤其是在高层楼房中生活的孩子更是如此，各家自立门户。"鸡犬之声相闻，老死不相往来"。这样的生活环境是不利于孩子的身心发育和健康成长的，这样的孩子长大后很可能社会适应不良。独生子女通常有六位长辈呵护着，即所谓"6+1"模式。孩子从懂事起，就会意识到自己在家庭中的中心地位。

由于只有一个孩子，大部分家长对孩子都怀有过高的期望。于是，家庭教育开始扭曲，进而走入误区。过度教育、过度关怀、过度放纵是这种误区的主要表现形态。过度教育就是希望孩子成为一个无所不能者。学钢琴、学跳舞、学唱歌、学画画，有的家长甚至一周给孩子安排5个兴趣班。

巨大的心理压力使孩子幼小的心灵充满着焦虑。离家出走乃至自杀者屡见不鲜。至于过度教育引发的厌学情绪，更是随处可见。过度关怀就是毫无理智的溺爱。在物质上，孩子是衣来伸手、饭来张口；在精神上，孩子是事事由父母作主。从小到大，他们依赖惯了，独立性越来越差，缺乏独立生活能力。

每个人人格的形成，都是从儿童时期的社会化从属性开始的，人的基本行为模式是在社会情境中学习得来的。每个人的成长过程，都要自己亲身体验自己行为的后果，由此而来的意识会得到强化，或者观察别人而得到间接强化。这一社会化过程，直接影响人格的形成。过度关怀只会延缓孩子的社会化过程，很可能造成孩子的人格扭曲。过度放纵就是无条件地满足孩子的全部要求，无原则地放任孩子的一切不良行为。这样的结果，会使孩子毫无感恩之心，以为别人为他做的一切都应该应分；使孩子认知水平下滑，分不清善恶美丑，分不清正确错误；使孩子自我约束能力越来越弱，直到后来任性而为。当他们长大以后，一旦遇到挫折，便毫无挫折容忍力，很有可能导致极端事件的发生。

四

在市场经济条件下，逐利心态与道德操守既存在矛盾，又相互依存。亚当·斯密在《国民财富的性质和原因的研究》（即《国富论》）中，论证了人们逐利的合理性，提出"理性经济人"假设，但他同时又著有《道德情操论》，极力倡导高尚的道德情操。他已经预料到，人们为了逐利，完全可能突破道德底线。市场经济无疑是中华民族振兴的最正确的选择。中国30多年的建设成就世人有目共睹。然而，在思想道德领域，一些发达国家都曾经经历过经济上升、道德下滑的状况。按照马克思主义的观点，经济发展与道德建设二者并不矛盾，从长远的眼光看来，二者是协调一致的，但这个协调的过程是曲折而复杂的。特别在市场经济并不完善的社会转型期，二者可能完全背离。个中道理相当复杂，其根本原因则是市场的逐利性，即功利原则，它是市场运行的原动力。亚当·斯密的"理性经济人"假设道出了其中的秘密。人们对自己利益的追求如果不断膨胀起来，就会走上极端的利己主义的道路。市场在培养人们功利性观念的同时也为极端利己主义提供了滋生的温床和条件。市场的功利原则还忽略了人们功利目标之间、个人功利目标和社会功利目标之间的差别性、矛盾性，人们追求自己功利的活动并不是在任何情况下都有利于他人的功利及社会总功利的提高。

在功利原则的推动下，人们还把他人、社会作为实现自己功利的手段，甚至通过牺牲他人和社会的功利来实现自身追求的功利。因此，市场倡导的功利原则在道德上有着严重的缺陷。2600年前的管子说："仓廪实而知礼节，衣食足而知荣辱"，只不过是一种终极理想。明末清初的思想家王夫之就不赞成这种说法。他批评说："迨乎财利烫其心，惛淫骄辟，乃欲反之于道，犹解巨舰之维于三峡，资一楫以持之而使上，末由得已。"这就一语道破在逐利原则驱使下，让人们的行为回归道德是何等艰难。

在市场运行中，假冒伪劣、奸狡欺诈、巧取豪夺屡见不鲜。不幸的是，这种风气在一定程度上侵蚀着我们青少年的纯洁心灵。有些孩子说假话、作弊不再觉得可耻。据《中国青年研究》报道，在一场对892名大学生抽样调查显示，有82.74%的学生曾经有过作弊行为（包括自带纸条、给别人传答案、替考、高科技作弊），成绩中等以上的舞弊者占80.66%，这是一个多么令人痛心的数字啊！

五

网络文化的冲击，也使青少年的成长环境变得更加复杂起来。网络文化的兴起，不过十五六年光景。其发展之迅猛，令人始料未及。目前，我国网民位居世界第一。在这个庞大的网民队伍中，青少年是其主体。网络的创造性催生青少年的现代观念，而网络的复杂性又易使青少年产生思想混乱；网络的丰富性拓宽了青少年求知途径，过多的信息也易对青少年造成"信息污染"；网络的超时空性为青少年扩大了交往面，但网络的虚拟性造成青少年社会化的不足；网络的互助性培养出众多"网上雷锋"，而网络的隐蔽性又会造成青少年道德感弱化。

最引起人们高度关注的是网上的色情与暴力。调查表明，大约三成的青年上过色情网站。深圳青年上过色情网站的比例较高（占37.5%），其次是北京（占32.66%）。据不完全统计，在上色情网站的青年中，60%的人是无意中接触到网上黄色信息的。而在性犯罪的青少年中，90%以上接触过网络上黄色信息。此外，在网络游戏中，还充满着对暴力的崇拜。当孩子们在虚拟世界里接受了暴力理念后，就难免会延伸到现实生活中来。

在社会转型的大背景下，关心青少年健康成长，是每一个公民的共同责任。面对纷繁复杂的社会环境，面对道德力量还疲弱的社会现实，如何培养青少年的健全人格，如何增强青少年对社会不良风气的抵御能力，是必须着力解决的带有全局性质的问题。

关工委是一支具有中国特色的队伍。它是由老干部、老战士、老专家、老教师、老模范组成的群众工作组织，有政治、经验、威望、亲情和时间的特殊优势，对青少年进行关爱和帮助，积极探索青少年思想道德教育的方法和途径。如今，全国800多万"五老"在青少年思想品德教育中发挥着不可替代的作用。"五老"们通过良好的沟通互动，春风拂柳、润物无声般教育孩子。

关工委以净化社会环境为己任，努力在青少年成长的道路上扫清障碍。加强学习，以身作则，自觉遵守社会公德，以高尚的行为影响周围的孩子，利用机会倡导社会文明。

　　尽管我们为此书出版，全力以赴进行调研、收集整理材料和撰稿，但局限于水平和精力，书中所述，难免有不妥当之处，祈请读者指正。

后 记

　　本书根据深圳市社会科学院科研成果《社会转型期青少年成长中的问题与对策》改编而成。该研究课题，由深圳市关心下一代工作委员会和深圳市南山区关心下一代工作委员会共同完成。深圳市关工委负责申报课题，南山区关工委进行具体调研工作。课题组成员主要有：薄忠信、彭庆元、李忠俊、陈斌、刘家钊、曾伏虎、郑季贤、赵小梅、李海田、姜秀琴、刘万讲。深圳市关工委副主任高兴烈、南山区关工委原主任黄金友多次参与课题研究并提供大量相关资料。课题初稿完成后，由薄忠信统稿，并由深圳市社会科学院审议通过。在此，对曾经为本课题研究做出贡献的南山区关工委办公室主任刘立新，以及宋秀文、陈菲然、黄瑾铷致以谢意！感谢南山区关工委新领导班子对该项目的大力支持！在本书出版过程中，海天出版社编辑及相关改编同志付出了辛勤劳动，对调研原稿进行改编，在此一并表示感谢。

《社会转型期青少年成长中的问题与对策》课题组

2017年8月